AF366253

L'ART, LES ARTISTES

ET

L'INDUSTRIE EN ANGLETERRE.

L'ART, LES ARTISTES

ET

L'INDUSTRIE EN ANGLETERRE ;

Discours prononcé devant la Société des Arts
de Londres.

PAR THÉOPHILE SILVESTRE,

Envoyé en mission en Europe, pour l'inspection des Musées
et autres Institutions de Beaux-Arts,
par S. E. le Ministre d'Etat
et de la Maison de l'Empereur des français.

———

(Extrait du *Journal of the Society of Arts.*)

———

LONDRES,

W. TROUNCE, EDITEUR, CURSITOR-STREET, 9.

1859.

A MON EXCELLENT AMI ROBERT PHILLIPS.

Vous avez eu la bonté de guider mes premiers pas en Angleterre. Je vous dois mon premier succès dans ce pays.

THÉOPHILE SILVESTRE.

LETTRE DE SIR CHARLES EASTLAKE,

Président de l'Académie Royale de Londres,

A M. Théophile Silvestre.

Londres, 27 Janvier 1859.

Fitzroy Square, 7.

Monsieur,

Je suis heureux d'apprendre que l'Institut Royal des Architectes Britanniques, en vous prêtant son concours, ait donné de la publicité à vos procédés.

J'écris au Secrétaire de l'Académie Royale d'Ecosse, à Edimbourg, au sujet de votre mission officielle.

Je me fais un vrai plaisir de vous répéter ici que votre discours, prononcé dans la salle de la *Société des Arts*, le

19 de ce mois, a produit l'effet le plus favorable. Cette impression, permettez-moi de vous le dire, résulte plus particulièrement encore du caractère même de votre mandat, de la libéralité du Gouvernement qui vous l'a confié, et des vues éclairées du Ministre dont l'influence immédiate vous dirige, que de votre indulgente et généreuse appréciation de l'Art anglais, si flatteuse qu'elle soit, d'ailleurs, pour nous.

En ce qui concerne vos efforts personnels dans ce pays, pour le succès de votre entreprise, il est agréable de voir que vous ayez suivi les intentions de votre Gouvernement d'une manière, qui, certainement, doit être aussi satisfaisante pour les autorités françaises qu'elle l'a été pour tout le monde ici.

J'ai l'honneur d'être,

Monsieur,

Votre très obéissant serviteur,

C. L. EASTLAKE.

SOCIÉTÉ DES ARTS DE LONDRES:

MEETING DU 19 JANVIER, 1859.

———

Présidence de Sir CHARLES EASTLAKE, Président de
l'Académie Royale.

———

Discours de M. Théophile Silvestre sur *l'Art, les Artistes
et l'Industrie en Angleterre, depuis la dernière moitié
du dix-huitième siècle jusqu'à ce jour.*

A l'ouverture du Meeting, Sir Charles Eastlake, Président, expose à l'Assemblée que M. Théophile Silvestre,
est chargé par le Gouvernement français de la mission

d'étudier avec soin les écoles d'Angleterre, au profit de l'Art en général. En se montrant profondément sensible à l'honneur fait à l'Art et aux artistes de ce pays par cette initiative du Gouvernement français, M. le Président est certain d'exprimer avec fidélité, non seulement les sentiments de la Société des Arts et de l'Académie Royale, mais encore les impressions de tous les amis des arts. Car il est à remarquer, (et M. Théophile Silvestre aura peut-être l'occasion de constater ce fait), que cette initiative n'est pas le mouvement d'une curiosité ordinaire, mais la conséquence naturelle d'une admiration sincère, éprouvée par la nation française aux deux Exhibitions de Paris et de Manchester. M. Le Président ne doute pas que les artistes et les amis des arts en ce pays ne soient tout prêts à seconder M. Théophile Silvestre dans ses recherches. M. Le Président croit devoir informer l'Assemblée que le discours de M. Théophile Silvestre,—qui est l'abrégé de son histoire ou de son analyse de l'art anglais—, sera prononcé en français, et que, par conséquent, il serait bon que la discussion qui doit le suivre fut aussi engagée en français. M. Théophile Silvestre profiterait ainsi de toutes les remarques faites dans cette discussion. Après avoir adressé quelques compliments en français à M. Théophile Silvestre, M. le Président l'a engagé à prononcer son discours.

M. Théophile Silvestre a pris la parole, et s'est exprimé en ces termes :

MONSIEUR LE PRÉSIDENT, MESSIEURS,—Ce n'est pas sans un profond sentiment de respect que j'ose prendre la parole en présence de cette noble et vigoureuse Société, établie depuis plus d'un siècle pour l'Encouragement des Arts, des Manufactures et du Commerce, illustrée par les intelligences les plus actives et les plus dévouées de la Grande Bretagne, successivement présidée par des citoyens éminents et même par des Princes, depuis les Lords Folkstone et Romney, de très vénérable mémoire, jusqu'à Son Altesse Royale le Prince Consort, votre Président actuel, qui, par ses lumières personnelles, relève encore l'éclat de son rang.

Je n'ai point à faire ici l'éloge de la Société des Arts, qui, préférant toujours l'efficacité de l'action aux vanités de la parole, a tant fait pour l'éducation et la prospérité publiques depuis la dernière moitié du dernier siècle, et qui, dès sa fondation, eut l'immortel Franklin pour admirateur et pour correspondant.

S'appliquant d'abord avec un grand bon sens à tous les moyens de développer le bien-être de la nation, principe premier de son indépendance, il n'est pas un essai, une invention, un progrès, qu'elle n'ait protégé dans l'art, dans la science, dans l'agriculture et dans l'industrie. C'est elle qui a provoqué le dessèchement des marais, le défrichement des landes, le reboisement des forêts, l'aménagement de tous les genres de culture : chanvre, garance, plantes nutritives, pharmaceutiques et tinctoriales ; c'est elle qui a perfectionné les instruments de labour, de charroi, de drainage, d'irrigation, d'assainissement, et mis ces armes de la Paix, de la Fécondité, aux mains de la vaillante Angleterre.

Non contente de multiplier dans la métropole ses expériences, comme autant de bienfaits de civilisation, la Société des Arts a développé, régularisé le commerce et l'industrie des colonies, donné sa forte impulsion aux pêcheries, accompli la réforme postale, réclamé la refonte des monnaies, l'abolition de l'impôt sur le papier, impôt qui restreint le développement du commerce et frappe en même temps la liberté de la pensée ; proposé, enfin, l'adoption de ce système décimal, dont la simple précision est un des traits frappants de la rectitude et de la netteté du génie de la France.

Pour faire avancer à grands pas l'art et la science, pour vaincre les monopoles injustes, pour briser les restrictions fiscales, la très éclairée et très persévérante Société des Arts étend sa propagande sur tous les points du monde. Dans le seul Royaume Uni plus de trois cents sociétés, basées sur ses principes, lui sont affiliées. Loin d'empiéter sur leurs priviléges provinciaux, loin d'absorber leurs libertés locales, la Société des Arts leur prête l'irrésistible appui de son pouvoir central métropolitain, et, par cet esprit de justice, de modération, de solidarité, sait se concilier l'estime et le dévouement des hommes les plus influents du pays. Aussi toutes ses initiatives, toutes ses résolutions ont-elles un triple caractère d'ampleur, d'énergie et de patriotisme. La Société des Arts marche comme un seul homme, et la nation la suit. Les intelligences s'animent, les volontés s'unissent, les millions circulent. Ce qu'elle veut est fait : l'Exhibition de 1851 ouvrit ses portes ; celle 1861 les ouvrira. A la vue des merveilles de l'art et do l'industrie, les peuples étonnés commencent à oublier les luttes sanglantes de leurs pères, et à comprendre que désormais la seule guerre possible est celle du travail et du génie.

Après avoir assuré le progrès des Arts utiles, Messieurs, vous avez protégé les Beaux-Arts, qui sont la fleur de l'esprit des nations opulentes. Glorifiant la peinture, l'architecture, la statuaire, vous avez ouvert des concours, donné des médailles aux enfants de la nobility, de la gentry et du peuple, et prouvé, comme il convient à des hommes libres, que vous savez récompenser le mérite dans toutes les classes de l'empire. Vous voyez sans la moindre jalousie nationale, ce qui est encore un des traits de la noblesse de votre caractère, briller à Londres quelques artistes éminents de la France et de l'Italie. J'en aperçois plusieurs, au moment même où je vous parle, décorés, avec quelques uns des vôtres, de l'étoile de la Légion d'honneur par l'auguste main de Sa Majesté l'Empereur des Français à l'Exposition universelle de Paris.

Dans cette enceinte, embellie par les pinceaux de Barry, de Reynolds, et de Gainsborough, vous avez couronné Flaxman, Sir Thomas Lawrence, d'immortel souvenir, Sir

Edwin Landseer, Mulready, Millais et tant d'autres artistes vivants illustres, dont je suis venu étudier en Angleterre les beaux ouvrages, par ordre de Son Excellence le Ministre d'Etat et de la Maison de l'Empereur des Français, ministre éminent, intelligence fidèle aux grandes traditions de l'art, et qui sait découvrir d'un regard supérieur les beautés distinctives de toutes les écoles.

Merci, Messieurs, merci de votre attention hospitalière. J'en dois à la fois l'honneur à votre générosité naturelle, au sentiment de l'alliance de votre pays avec le mien, au mandat que je tiens du Ministre de France. Permettez moi, Messieurs, d'en rapporter l'honneur à Son Excellence.

Ce qui me touche profondément, Messieurs, c'est l'excès même de votre indulgence. Aujourd'hui, pour la première fois, vous voulez bien permettre à un français de vous parler sa langue dans cette vénérable enceinte. Cette haute faveur, dont je voudrais savoir me rendre digne, est une nouvelle preuve de votre supériorité.

J'oserai néanmoins vous entretenir, Messieurs, d'un sujet qui vous inspire tant d'affection et de légitime fierté, " l'Art et les Artistes en Angleterre." Vous connaissez beaucoup mieux que je ne la connais moi-même votre école nationale, qui, par ses allures vivantes et libres, a pris un si beau rang entre les plus illustres écoles du continent. Elle a grandi au milieu de vous, de vos professeurs et de vos écrivains, qui, dans leurs *Lectures* ou dans leurs livres, ont parlé des Beaux-Arts à des points de vue différents, souvent opposés, toujours remarquables: Reynolds, Fuseli, Barry, Northcote, E. Edwards, Cunningham, Landseer, Constable, Sir Charles Eastlake, Charles Robert Leslie, Digby Wyatt, Owen Jones, John Ruskin, et tant d'autres juges éminents dont je voudrais citer ici tous les noms, qui, d'ailleurs, sont populaires dans ce pays et bien connus en Europe.

Durant les siècles qui ont précédé le temps de William Hogarth, votre pays, Messieurs, n'eut guère à son service que des artistes étrangers. Mais, comme tout ce qui plaît aux yeux et frappe l'imagination relève directement de l'art, je ne dois pas passer sous silence ces dames Anglaises du règne de Henry VIII, de nobles et véritables artistes, qui, de leurs belles et pieuses mains retraçaient en tapisseries les épisodes de l'histoire sainte dans les hautes salles des manoirs. A la vue de ces vénérables images qui, parfois, au souffle du vent, semblaient se mouvoir et grandir comme des apparitions fantastiques, les châtelaines sentaient battre leur cœur, et les vieillards, fermant la Bible, relevaient leurs têtes attentives, comme si Moïse lui-même allait leur parler.

Pour rivaliser avec la splendeur et la magnificence de Charles Quint et de François 1er, Henry VIII, votre roi, avait besoin de grands artistes : Holbein vint faire chez vous ces chefs-d'œuvre que l'Europe entière vous envie, ces immortels portraits de princes, de ministres, de guerriers, de législateurs, de courtisans, de reines infortunées que le monarque prit pour instruments et pour victimes de ses dures et robustes passions. De ces peintures de Holbein, soyez en fiers, Messieurs ; votre pays les inspira. Leur vérité naïve et rigide arrête les fantaisies et réprime les écarts de l'historien. Vos artistes, tout en restant eux-mêmes, ont gardé quelque chose de la simplicité, de l'exactitude, de la fermeté de Holbein.

Du court et triste règne de Marie, vous avez retenu au passage quelques mâles et altières figures d'Antoine Moor, le sombre et violent peintre du violent et sombre Philippe d'Espagne. Au grand règne d'Elisabeth—qui, à toutes les merveilles de l'art préférait sa propre image, qui proscrivait les miroirs et les peintres fidèles, et qui ne voulait pas plus d'ombre dans la peinture de son portrait que dans l'éclat de son omnipotence—vous devez l'Italien Zucchero, maître plein d'élégance, l'Allemand Lucas de Heere, disciple attentif de Holbein; Cornelius Vroom, le peintre de vos victoires sur l'Armada; Hilliard et Oliver, vos compatriotes, restés célèbres par leurs miniatures, portées comme des bijoux par les personnages de la cour.

Vous étiez puissants et somptueux; mais les artistes illustres du continent ne venaient guère, alors, vous rendre visite. Les sujets favoris de leurs peintures semblaient porter atteinte à l'austérité de vos sentiments. Le roi Jacques 1er aimait pourtant les arts et protégeait Mytens, peintre solide mais sans noblesse. Sous le règne à la fois si brillant et si sombre de Charles 1er, qui, avec plus d'intelligence, ressemble tant à notre Louis XVI, l'Angleterre prit vivement le goût des arts, à l'exemple du souverain éclairé qui avait pour peintres Rubens et Van Dyck, et pour architecte Inigo Jones. C'est alors que vos pères eurent le bonheur de connaître et d'honorer Léonard de Vinci, Raphael, le Corrége, le Titien, Véronèse, le Tintoret, tous les maîtres souverains qui ont fixé dans leurs œuvres la perfection des formes de l'homme et la sublimité de ses sentiments. La pureté du goût chez les nations actives et robustes est lente à venir. Vos pères n'avaient vu dans l'art des premiers temps qu'une profusion de matières précieuses; l'art les touchait par l'abondance, surtout par la cherté de ses productions. Ils aimaient, comme l'a si bien dit un de vos historiens, " des rois d'or avec des couronnes d'or, des anges d'or avec des ailes d'or, des vierges d'or nourissant des enfants d'or, assises sur des nuages d'or. Le ciel était d'or, la terre était d'or." Mais, sous Charles 1er, vous donniez l'or à pleines mains, comme vous le faites aujourd'hui, pour une belle toile. Van Dyck menait à Londres le train fastueux d'un prince; l'artiste était prince en effet par les dons du génie. Votre pays lui doit d'avoir vu porter jusqu'aux extrémités du monde l'immortelle beauté de vos femmes et la fière tournure de vos cavaliers.

Vint le terrible temps du puritanisme, qui, sous le prétexte de purger la patrie des superstitions, brisa le trône, campa dans les églises, dans les palais, et fit litière de l'art au pied des chevaux.

Ces années de tourmente, qui, selon les éternels desseins de la Providence, ont préparé la sagesse et la liberté de la nation, furent mortelles à l'art. Les fleurs et les fruits tombent dans les orages. Les douces émotions de l'art ne sont pas faites pour l'orgueil solitaire et farouche des puritains.

Cromwell lui-même, qui, par la puissance et la profondeur de son génie, domina la rébellion, était d'une étroitesse rigide, bien capable de glacer l'imagination de l'artiste : "Faites," disait-il à Pierre Lély—un Van Dyck efféminé—" faites mon portrait avec exactitude et sans flatterie ; remarquez bien mes rugosités, mes bourgeons, mes verrues ; enfin tous les détails de mon visage. Si tout cela n'est pas rigoureusement rendu, vous n'aurez pas un liard."

Un mot d'éloge aux derniers imitateurs estimables de Van Dyck en Angleterre : Dobson et Jamesone, vos concitoyens ; l'allemand Kneller, dont le succès dépassa peut-être le mérite ; James Thornhill, qui fut aussi votre compatriote habile, mais énervé par l'imitation des écoles étrangères ; et j'arrive à William Hogarth, qui ouvre la série des maîtres vraiment originaux de la vivante et libre école de la Grande Bretagne.

Quand on examine le portrait de William Hogarth peint par lui-même on retrouve dans les traits de son visage les traits saillants de son génie. Sa physionomie est un composé vivace de pénétration, d'audace et d'ironie. L'œil vif, perçant, d'un gris-bleu translucide, voit tout, traverse tout ; le front est ouvert, tranquille, d'une structure robuste. La bouche ferme, violente, poussée en avant par une forte dentition et par la carrure inégale des mâchoires, indique une immuable tenacité. Cet homme n'hésite pas, ne rêve pas ; il juge clairement. La raison positive, l'expérience de la vie dominent en lui la poésie du sentiment. Chirurgien endurci, il semble attendre le patient, d'un cœur qui ne sait pas gémir et d'une main qui n'a jamais tremblé.

Et malgré tout Hogarth ne manque pas d'une certaine bonhomie: il épie les travers du monde sans colère ; c'est la rectitude de son esprit, c'est la vigueur de sa vocation qui le poussent à les châtier. Railleur et non pas aigre, violent plutôt que haineux, il laisse poindre à travers son austérité des impressions joyeuses et comiques. Sur son visage rayonne le contentement échauffé de malice de l'honnête homme, fier de sa conscience après avoir sondé celle des autres.

Il est bien difficile, messieurs, de signaler une beauté nouvelle dans l'œuvre de Hogarth, commenté par l'univers entier, et dont le fond semble pourtant inépuisable comme le cœur humain. Cet artiste dont le multiple génie réunit les facultés du peintre, de l'historien, du moraliste et du poète dramatique, a compris et rendu les passions d'une manière qui ne sera jamais surpassée. On a essayé, mais à tort, selon moi, de comparer les licences de Hogarth à celles de Boccace. Tandis que le conteur italien se plaît au milieu des vices de son temps, Hogarth ne hante les mauvaises passions de la société que pour en faire la cruelle autopsie. Dans le cours de son œuvre le Mal trouve toujours une mauvaise fin : dans le "Mariage à la Mode," le riche et vaniteux Shériff est puni de son ambition nobiliaire pour sa fille ; le comte débauché meurt du coup d'épée de l'amant Silvertongue, pendu lui-même à Tyburn, et dont la mort fait mourir la comtesse, dont le nouveau-né porte à son tour au front les hideuses traces de la luxure de son père. Le Rake, fils prodigue d'un vieillard avare, commence ses débordements avec les filles, les aventuriers et les histrions, pour tomber de débauche en débauche, ou plutôt de châtiment en châtiment ; la gêne, la prison, la ruine complète ; le mariage mal assorti pour la réparer, le jeu, qui le replonge dans la misère, les expédients littéraires qui, certes, ne l'en tireront pas ; enfin le désespoir, la folie. La première femme qu'il trompa, et qui a toujours le tort de l'aimer, expie cruellement son dévouement pour un tel vaurien par le malheur de ne pouvoir jamais aimer un autre homme. Que dire du fatal abrutissement de la courtisane et de son amant, que la paresse et les plaisirs mènent au crime et à la potence ? Ainsi la responsabilité du mal ricoche, dans l'œuvre de Hogarth, le rude justicier, d'un personnage à l'autre, pareille à ces boulets qui, dans les villes bombardées, emportent du même coup hommes, femmes et enfants.

Physiologiste que rien ne trouble, que rien n'arrête, Hogarth saisit d'un coup d'œil prompt et sûr les caractères saillants du vice ou ses tendances mystérieuses, et l'arrache du cœur de l'homme par une sorte d'opération césarienne. Il voit les instincts poindre dans l'enfance, surgir dans la jeunesse, éclater dans l'âge mûr, et se traîner dans la vieillesse ; il devine l'origine, l'âge, le développement, la destinée d'une passion. Aussi profond, aussi lucide en indiquant le caractère du nouveau-né qu'en exprimant celui du centenaire, il se tient ferme à tous les degrés de l'échelle de la vie, son immortel observatoire.

Quel patient et rusé guetteur de nos plus imperceptibles

émotions ! Je ne puis oublier un de ses tableaux possédé, si je ne me trompe, par Monsieur le Comte de Stamford. Un petit garçon de trois ans et une petite fille, à peine âgée d'une année s'y trouvent réunis. Le petit garçon tient en l'air, par les pattes de derrière, un chien, né depuis trois ou quatre jours, qui, suspendu dans le vide, la tête en bas, roule douloureusemont ses yeux chassieux, à peine ouverts à la lumière, et pousse des plaintes étouffées. Mais le jeune bourreau, qui a déjà cassé tous ses joujoux, s'amuse du supplice de l'innocente bestiole, autre joujou vivant. La petite fille l'approuve de ses yeux pétillants. "Cet âge est sans pitié."

Je ne suivrai pas en détail, Messieurs, l'effrayante logique des misères humaines dans l'œuvre de Hogarth. On y voit, dans la série de la "Cruauté," des enfants tourmenter les bêtes, arriver par la suite à égorger l'homme, et, après l'avoir égorgé, s'enivrer encore de l'odeur du sang qui coule de ses entrailles palpitantes. Et quelles nuances intermédiaires l'implacable maître sait établir, d'une extrémité à l'autre de nos violences, de nos vices, de nos faiblesses ou de nos ridicules ! L'armée du Mal est dénombrée avec tous ses soldats et tous ses capitaines. Chacun de ces caractères tranchés est suivi d'une infinie variété de caractères du même ordre, agités à des degrés divers par une même passion. Naturaliste incomparable, Hogarth les fixe à jamais dans ses ouvrages qui sont autant de planches illustratives de la zoologie humaine.

Mais Hogarth ne se contente pas de saisir et de rendre une telle variété de personnages à la façon d'un peintre de portraits dont l'innombrable clientèle comprendrait tous les âges, toutes les conditions, tous les tempéraments. Après avoir analysé l'individu en moraliste, il le met sur la scène en dramaturge ; il en fait un acteur comique ou tragique, par moments tragique et comique à la fois, pour se conformer à cette loi de la nature, qui nous donne en même temps ou successivement, le plaisir et la peine, le rire et les pleurs. La passion particulière de chaque personnage devient générale, typique, dans la généralité de l'action. Ce n'est plus un avare, un hypocrite, un débauché, un assassin ou une prostituée qui pose devant vous ; c'est l'Avarice, l'Hypocrisie, la Débauche, la Cruauté ou la Prostitution incarnée qui vous regarde. L'énergie de chacun de ces caractères est la condensation, le résumé, la vivante algèbre de mille caractères. Par une sorte d'idéalité, qui éclaire et fortifie l'observation posi-

tive, Hogarth s'est fait un monde à lui de la quintes-
sence du nôtre. Il pose, il noue, il accélère ses drames
suivant l'irrésistibilité des affections humaines, selon
la logique fatale des événements ; il les dénoue avec l'im-
placabilité du destin. La " Vie du Rake," la " Vie de
la Courtisane," le " Mariage à la Mode," " l'Histoire des
deux Apprentis," sont des merveilles d'entraînement
dramatique. Et quelle vigueur ! La scène n'est jamais
tranquille, le spectateur ne respire pas ; la péripétie pousse
la péripétie, la physionomie agit sur la physionomie, le
geste sur le geste, le caractère sur le caractère ; l'action
entière s'enflamme, les passions se ruent l'une sur l'autre,
comme les bêtes féroces d'une ménagerie. Hogarth
les aiguillonne, les exaspère, pour qu'elles s'entredévorent,
semblable à un belluaire qui prend lui-même à leur con-
tact quelque chose de leur férocité.

Mais, à travers les tristes déchirements de la vie, l'illustre maître n'a pas oublié les hommes consolants : l'ap-
prenti intelligent et sage arrive à la fortune, à la considération, aux honneurs de la première magistrature de
Londres. Comme vous, Messieurs, Hogarth savait récompenser l'intelligence, le travail et la probité. Il
honora la charité chrétienne, dans la personne du très

généreux et très vénérable Thomas Coram, le fondateur de l'hospice des enfants trouvés, et que j'oserai appeler le Vincent de Paule de l'Angleterre. Et, comme l'admiration des grands caractères porte bonheur à tout le monde, surtout à l'artiste, Hogarth fit un chef-d'œuvre : Le capitaine Thomas Coram est un vieillard aux cheveux blancs, mais robuste et vert comme un chêne, d'une complexion noueuse et carrée, un superbe tronc d'homme d'action. Le travail, la sagesse, la paix du cœur entretiennent à la fois en lui la fraîcheur, l'activité du sang, la plénitude de la santé, l'éclat de la physionomie. Ce vieux marin, l'un de vos meilleurs colonisateurs, passa sa vie à braver les périls de la mer et à répandre ses bienfaits sur la terre. Rudement élevé, loin des oisivetés, des intrigues, des perversités du monde, il garda, sans l'user, son cœur pur, son cœur d'or. Les hommes vraiment forts sont les soutiens des faibles dans les desseins de Dieu : le capitaine Thomas Coram chercha les malheureux et s'oublia lui-même. Après s'être dépouillé saintement de tous ses biens, pour assurer un asile aux enfants innocents, abandonnés par l'amour coupable, il disait, avec une noble fierté, ce que l'homme inutile ou vicieux n'ose pas toujours dire : " Je n'ai pas honte d'être pauvre." Hogarth se montra toujours heureux d'avoir peint un tel homme chez qui vivent en paix la force physique et la beauté morale : *Mens sana in corpore sano.* C'est là le portrait de la Vertu.

Ce qu'il y a de plus extraordinaire dans le génie de Hogarth, ce n'est ni le pouvoir encyclopédique avec lequel il prend isolément ou met en rapport tant de types divers,—c'est la souplesse qu'il a pour passer de l'un à l'autre, du plus élevé au plus bas, semblable au virtuose qui promène ses doigts agiles sur le clavier d'un instrument. Chacune de ses figures est une note aiguë ou un ton grave tiré de ces innombrables gammes morales qui montent ou descendent de l'imbécilité au génie, de la malice à la férocité, du ridicule au sublime. Je ne finirais pas de citer ces physionomies, séparées les unes des autres par le contraste, ou rapprochées entr'elles par l'analogie. Les agents du Mal sont en majorité dans l'œuvre de Hogarth, ainsi que dans la vie réelle. L'artiste n'a pourtant pas absolument peint le monde tel qu'il est, heureusement pour nous. Il le voit d'un œil hostile. Parfois injuste par excès de justice, Hogarth aime à le surprendre dans la plénitude de son infamie, et à nous convaincre qu'il est toujours le même. Indépendant jusqu'au cynisme, il se plaît à couvrir de la même honte la populace gorgée de gin, les gentlemen ivres de punch, les noblemen coureurs de filles. Il frappe le marchand frauduleux, le prêtre prévaricateur, le mari brutal, la femme corrompue, l'enfant prodigue, le vieillard avare, le maître et le valet, le mendiant et le roi. Il épuise, dans sa guerre contre les hommes, tous les traits de l'ironie et de la colère. Enfin, pris d'une espèce de miséricorde bouffonne, il les conduit, comme un médecin de fous, chacun dans son cabanon. Avec une telle énergie d'humeur Hogarth n'est jamais insipide ; mais il tend à l'exagération, et penche quelquefois vers la caricature, qui est l'outrance du vrai. Ses tableaux sont de cruelles satires. Il faut les lire comme nous avons lu celles de Perse, de Juvénal, de Pétrone et de Pope, les scènes mordantes de Shakspeare et de Molière, les chapitres de Rabelais et d'Honoré de Balzac.

A quoi bon relever ici quelques erreurs, quelques préjugés relatifs à Hogarth ? Vous en avez fait justice. Il n'excellait, a-t-on prétendu, que dans les types grossiers ; mais vous savez bien quelle délicatesse, quel charme ou quelle subtilité il a su donner à certaines figures : la modiste abandonnée, le Comte et la Comtesse de Squanderfield, l'avocat Silvertongue, la jeune fille menée en consultation dans le cabinet du docteur Quack, et tant d'autres qui me rappellent tour à tour la naïveté d'Adrien Ostade, l'esprit de Téniers, le sentiment de Greuze et la finesse de Chardin. Ses crudités, d'ailleurs, sont les surabondances de la franchise, les débordements de la force. Le gros sel de Hogarth n'irrite que les faibles tempéraments. Ses burlesques éclats de rire au milieu des scènes les plus poignantes ont même quelque chose d'étrange qui ajoute au lugubre et augmente la pitié du spectateur, comme les plaisanteries et les chansons des fossoyeurs poussent au noir la tristesse de Hamlet, tenant dans ses mains le crâne du pauvre Yorick, qui berçait et rejouissait son enfance.

Je passerai rapidement, Messieurs, sur l'esthétique et sur l'exécution particulières à Hogarth. S'il n'a point toujours montré aux vieux maîtres toute l'admiration, tout le respect dont ils sont dignes, c'est qu'il est entraîné par la nature vers un but opposé à celui qu'ils ont eux-mêmes atteint ou seulement poursuivi. Son intelligence militante n'était pas faite pour les plus hautes abstractions de l'Art. Sa fameuse "ligne de Beauté" c'est la route sinueuse, serpentine, qui le conduit, non pas à l'idéal plastique, mais au fond du cœur humain, c'est la voie de l'observation positive. Et d'ailleurs, ce n'est pas la grande tradition des maîtres italiens qu'il entend railler, ce sont les amateurs de son temps, moins engoués du mérite de la peinture que de sa vétusté.

Hogarth comprend vîte, réfléchit avant que d'entreprendre, et compose avec habileté. S'il multiplie un peu trop les détails, c'est dans la crainte de ne jamais se faire assez comprendre. Il tient si fort au sens didactique de ses tableaux! Hogarth, que bien des gens en Europe se sont obstinés à considérer comme un simple graveur, est un excellent peintre, ce qui est surprenant chez un homme assiégé par tant d'idées, et ambitieux de les exprimer toutes. Il a toujours quelque chose des maîtres dont le style est exempt d'affectation, des flamands surtout. La série de ses tableaux le plus largement peinte et le mieux conservée, est, à mon humble avis, celle des "Elections," que M. George Bailey, le digne curateur de Soane's Museum, m'a montrée plusieurs fois avec tant de complaisance.

Hogarth ne fut pas dans sa vie exempt d'étroitesses et de préjugés. Pour une simple mésaventure à Calais, il garda rancune à la France, qui ne lui a répondu que par l'admiration ; mais il aima son propre pays en lui disant de rudes vérités et en devenant un de ses grands hommes. Avide d'action, dédaignant les rêves et même la grandeur des souvenirs, il fixa les vivants sur la toile au lieu d'évoquer les morts illustres. Il ne sortit pas de la vraie portée de sa vocation, chose que très peu d'hommes savent faire. Il ne s'élève point vers le ciel, mais il marche d'un pas ferme sur la terre ; et, comme l'a si bien dit Hazlitt, " Son génie avait des pieds et des mains ; il n'avait pas d'ailes."

Hogarth est le véritable initiateur de l'école anglaise qui maintenant excite les sympathies de l'Europe. Walpole fut aussi aveugle qu'injuste en déclarant que " Hogarth n'est pas un peintre ;" et Burke lui-même semble avoir partagé cette erreur, en disant que " Reynolds fut le premier Anglais qui ajouta la gloire des arts élégants aux autres gloires de son pays."

Dix années après Richard Wilson, le réformateur du paysage, Reynolds vint, à son tour, régénérer la peinture, surtout la peinture du portrait, tant affaiblie par les derniers disciples de Kneller. C'est par là qu'il mérite aussi le nom de fondateur. " Nos peintres," disait-il, " ont adopté une pose qu'ils donnent indistinctement à toute personne, ce qui fait que toutes leurs peintures se ressemblent. S'ils ont un sujet historique ou une famille a représenter, ils recherchent tout d'abord dans leur livre de croquis des têtes prises aux divers tableaux ; ils ne se donnent pas la peine de penser eux-mêmes." Reynolds, au contraire, pensait beaucoup et pensait juste. De là ses efforts, ses succès, son autorité durable. Il sût donner à ses ouvrages l'empreinte du génie nourri par l'étude et fortifié par la volonté. Les passages les plus judicieux et les plus éloquents de ses discours sont également médités. A la manière des orateurs de son temps, dont il était l'ami, Reynolds, dans ses opinions comme dans ses peintures, frappe d'autant plus fort qu'il mesure plus longuement ses coups ; et vous savez mieux que moi, Messieurs, que ses effets ne manquent pas d'énergie. Ils semblent parfois en avoir trop. L'abondance vivace de Rubens, la magique lumière de Rembrandt, la simple et forte majesté du Titien, l'élégance de Van Dyck, la fine variété du coloris de Véronèse, le tourmentent à des degrés divers, et telle Sybille de Michel Ange semble lui apparaître au moment même où il commence le portrait d'une lady. Mais une véritable force intérieure le retient sur la pente de l'imitation, et les rúminiscences enthousiastes restent à son profit au lieu de tourner à son détriment. Le génic,—Reynolds l'a dit lui-même,—ne peut tout deviner, tout créer par la seule vertu de son innéité : il a besoin, pour éclairer sa route, de toutes les lumières de la tradition. L'Académie Royale de Londres doit au savoir et à l'expérience de Sir Joshua Reynolds, son premier président, cette dignité intellectuelle qu'elle montre encore aujourd'hui sous la présidence de Sir Charles Eastlake. Les discours de Sir Joshua, plusieurs fois traduits en français, sont de la plus haute valeur. On y sent en même temps le théoricien et l'exécutant se prêter un mutuel appui, et quelque fois se contredire. Il y a, par exemple, d'excellentes réflexions sur l'effet, que Reynolds rend le plus souvent à merveille, et des préceptes contestables sur la composition, qui, chez lui, n'est pas toujours heureuse. Il a démontré le clair-obscur des Vénitiens d'une manière très simple, et trop rabaissé leur école dont il a, du reste, beaucoup tiré. Son amour pour l'ecclectique sagesse des Carraches n'est pas plus passé dans ses peintures que son enthousiasme pour Raphael. Reynolds est pourtant un grand artiste. Son nom ne peut manquer de venir toutes les fois qu'il s'agit des maîtres qui ont excellé dans le portrait ou dans la peinture à effet : Rubens, Van Dyck, Rembrandt et Murillo.

Le portrait de Nelly O'Brien,—cette belle et indolente héroïne de la chronique scandaleuse du dernier siècle,—me semble le plus original et le plus parfait en son genre des ouvrages de Reynolds ; il ne perdrait peut-être rien de son charme à côté du fameux *Chapeau de Paille* de Rubens, une véritable fleur humaine, qui boit la lumière du ciel. Dans un ordre plus grave, les portraits de l'artiste peint par lui-même, de l'Archevêque Robinson, de Sir William Chambers, de Lord Heathfield, du docteur Hunter sont vraiment admirables par la finesse ou la fermeté du caractère, la vérité de l'attitude et la puissance de la couleur. J'en passe, et des meilleurs ; Reynolds en a tant fait que ma mémoire en est quasi troublée. Dans un genre peut-être plus intime et plus piquant à la fois, voyez Mistress Anderson Pelham, qui donne à manger à ses poules, et dont l'ajustement capricieux vous séduit ; la Vicomtesse Lavinia Althorp qui a tant d'élégance et d'esprit ; l'aimable et vive famille Braddyl, dont on croirait entendre la conversation familière. Dans l'ordre de la fantaisie l'on ne peut oublier *Robinetta* et son oiseau ; *Puck* assis sur son

champignon avec tant de malice ; "l'Ecolier dessinateur,"
qui rappelle un peu trop directement Rembrandt; "l'Enfant
contemplatif," dont l'expression est si profonde, la couleur
si variée et d'une tonalité si vibrante. Parmi les portraits
changés en allégories, quelle audace, quelle splendeur
pittoresque dans la tournure de la Muse tragique de Dul-
wich College, assise avec un calme si violent entre
l'Empoisonnement et le Meurtre, ses cruels conseillers ;
quelle verve opulente dans la figure d'Emilie Bertie qui,
malgré ses formes tournées au style statuaire, se détache
superbe, menaçante sur un ciel remué par les flammes
et les fumées de l'incendie. Par son effrayante harmonie
composée de vapeurs noirâtres, verdâtres et sanglantes,
ce ciel de Reynolds me rejette dans ces fortes impressions
morales que j'ai si souvent éprouvées devant les ciels
d'Eugène Delacroix, notre immortel peintre français,
qui, de même que Reynolds l'a voulu faire ici, renforce
l'expression des passions humaines en remuant autour
d'elles la physionomie de la nature extérieure. J'allais
oublier "l'Ugolin," toile sinistre, devenue célèbre dans le
monde entier, et l'ébauche de la " Mort du Cardinal de
Beaufort," ébauche surprenante, dont les touches ressemblent à des fulgurations. Bien que Reynolds soit or-

dinairement contenu par sa forte volonté, il semble par moments emporté par l'ardeur intérieure. De là quelques relâchements de forme ; de là cet usage excessif des bitumes, qui, en chauffant la vigueur de l'effet, le poussent au noir par la suite ; de là aussi cet emploi rapide des vernis siccatifs, qui, en abrégeant les irritantes lenteurs du métier, compromettent la conservation des tableaux. Reynolds regagne par l'aspect général de ses ouvrages tout ce qu'il peut avoir perdu du côté du fini, et, comme Rembrandt, il peut dire : "Je cesse de peindre quand j'ai cessé de penser."

Oui, Reynolds est un grand maître, et son image est digne de figurer avec celles des maîtres immortels à la galerie de Florence. C'est Reynolds, c'est lui, qui, le premier, apporta dans votre école nationale cette largeur de style qui donne l'apparente fougue de l'improvisation aux tableaux les plus travaillés ; cette souplesse de modelé, cette hardiesse des contours, qui rendent les figures si saillantes et leurs mouvements si libres ; cette façon voltigeante des draperies, qui allège et ennoblit la tournure ; cette transparence dans le fond du sujet, dans le paysage, qui fait, pour ainsi dire, respirer aux êtres imaginaires l'air vivant de la nature.

La peinture de paysage était tombée en Europe entre les mains des maniéristes. Celui d'entr'eux qui, en Angleterre, poussait le plus loin possible l'absurdité de l'imitation, c'était Wooton. Il mettait les gentlemen en jacquette et en grandes bottes avec leurs meutes et leurs chevaux dans des sites empruntés du Guaspre. Richard Wilson ne revenait pas d'Italie pour continuer précisément en Angleterre la tradition classique, dont on avait déjà tant abusé en l'affaiblissant, mais pour essayer de la raviver par ses impressions personnelles et par l'étude attentive de la nature de son propre pays. Il n'était pas, à la vérité, animé de ces fortes ardeurs qu'il faut à l'artiste pour remuer les autres hommes, mais il avait, en revanche, un talent élevé, doux, sincère et beaucoup d'expérience traditionnelle. Wilson, en conservant, à certains égards, son originalité, n'oublia jamais ni Claude Lorrain, ni le Poussin; et le solennel reflet des campagnes romaines s'étend sur la plupart de ses ouvrages. Il poursuit la grande combinaison des lignes, la silhouette monumentale des objets, la majesté de l'échelonnement des plans, l'aspect décoratif des fabriques, des ruines, des chaînes de montagnes noyées dans les teintes mourantes de l'horizon. Les sites, illustrés par la présence des

grands hommes, appelés paysages historiques, tourmentent son génie tranquille, qui se fût peut-être plus
heureusement développé au sein de la nature anglaise,
si chère aux peintres coloristes et aux caractères rêveurs.
Ostade, Cuyp, Ruysdael, Hobbéma, ne sont probablement devenus de si grands maîtres que par le seul fait
d'être restés fidèles à leur pays natal. S'ils n'ont rien de
ce faux éclat que les voyages donnent à quelques maîtres
touristes, quelle puissance d'intimité n'ont-ils pas tiré de
la contrée qui les vît naître, vivre et mourir ? Et, ce qui
sauve, aujourd'hui même, l'originalité de vos peintres
en excursion sur le continent, c'est qu'ils y gardent au
fond du cœur la vivante image de l'Angleterre.

Nous avons beau aller de nation en nation, errer de
soleil en soleil, notre pays ne perd jamais ses droits sur
nous ; nous revenons, avec un plaisir infini, des extrémités
du monde dans la ville, dans le bourg qui nous a vu
naître. Heureux l'homme qui, après les agitations de
la vie, peut trouver sa tombe dans le lieu même où
fut son berceau ! Bien que Wilson ait montré, à travers
quelques réminiscences de Claude, une véritable noblesse
d'effet, et toutes les tendances d'un génie élevé dans ses
"Vues d'Italie," principalement dans " La Villa de Cicé-

ron," je l'aime mieux encore dans des sujets plus familiers, dans quelques "Vues de la Tamise et du pays de Galles." Sa "Vallée de Llangollen" charme les yeux et entraîne le cœur. On se repose avec délices au bord de ce lac tranquille, alimenté par le torrent qui descend des montagnes dont les mamelons s'effacent insensiblement dans les vapeurs de l'atmosphère. Autour du lac limpide et dormant s'étend un liserai de prairies animé par quelques bestiaux. A droite et à gauche s'élèvent des mamelons aux flancs obliques, étagés de chaumines, et ombragés d'arbres très fins et très beaux, qui ne viennent jamais si bien que dans ces endroits abrités.

Wilson n'éprouve ni ne fait guère sentir la chaleur. Il fait chaud dans " l'Effet du Soir," pris dans les environs d'Eton, une de ses plus belles peintures, bien qu'elle ne soit pas exempte de convention classique. Dans la " Vue de l'Arno," le soleil italien luit sur les rives du fleuve comme à travers un papier huilé. Dans la " Vue de la Tamise, près de Marble Hill," petit tableau, fort original et très librement fait, la scène, d'une harmonie de couleur bleue, verte et grise, est éclairée, pour ainsi dire, par une lumière boréale qui donne froid aux os. L'artiste semble répandre sur la Nature la tièdeur de son âme ou la froideur de ses découragements.   L'aspect du monde est égayé par nos joies ou assombri par nos douleurs.   Le cœur de l'homme est un miroir brillant ou dépoli.   Ordinairement privés de ces contrastes de lumière et d'ombre, de ces caprices de nuages qui, par la suite, ont ajouté tant d'effet poétique aux tableaux de Turner et de Constable, les ciels de Wilson paraissent monotones, languissants, étouffés.   Mais l'orage qui éclate dans la "Mort des Enfants de Niobé" retentit dans l'âme du spectateur, comme l'hymne du *Dies iræ*, dont chaque strophe est une nuée menaçante, un éclair ou un coup de tonnerre.

Mais Wilson semble surtout se complaire dans l'expression calme, mélancolique et solennelle de la nature. Il n'a ni ruses, ni affectations, ni petitesses, ni dissimulation pour nous plaire.   Son cœur répond avec la fidélité d'une cloche à tout ce qui vient de le frapper.   Ses moyens pratiques sont très larges, si l'on veut considérer surtout les procédés en vogue de son temps.   Sa touche est libre, courante et sûre.   Rien de pointillé en vue de la perfection trop souvent mesquine du beau fini.   Les ombres qu'il étend à l'entrée de ses tableaux, pour rendre plus sensible la lucidité des fonds et faire reculer l'horizon, sont des repoussoirs qui arrêtent quelquefois le spectateur.

Il y a du grandiose dans la physionomie de ses rochers, du caractère dans la tournure de ses collines, du pittoresque dans les phares ou dans les tours en ruines qui les couronnent. Ses vieux troncs d'arbres sont cassés à la façon de Salvator Rosa ; secoués par l'orage, à la manière du Poussin ; tranquilles sous le ciel, dans le style de Claude ; morts, excoriés, étendus sur la terre, comme on les voit dans les tableaux de Wynants. Wilson montre particulièrement son originalité dans l'abondance par moments pesante avec laquelle il peint les plantes et les grandes masses de verdure. Son feuillé, très empâté, semble, dans quelques uns de ses ouvrages, sculpté ou brodé à l'aiguille, tant il est modelé en pleine pâte, et tant il a de relief sur le ciel. Mais je me rappelle un arbre à tige grêle, un bouleau à panache affaissé et mourant, qui se détache avec une élégance et une légéreté admirables sur le fond d'un petit paysage, dont j'oublie le nom, et qui fut peint pour le célèbre docteur Hunter. Quand il s'abandonne aux impressions de la nature anglaise, Wilson nous fait penser parfois à Hobbéma par l'élégance d'embranchement qu'il donne aux arbres, par la manière charmante dont il sait les grouper, en dépit de la loi classique, et par les teintes bleuissantes qu'il étend à travers leurs troncs et leurs frondaisons. Mais cette harmonie bleuâtre est commune à tous les peintres du Nord. Elle n'a rien d'arbitraire dans l'art, puisqu'elle frappe à tout moment dans la nature les yeux du voyageur le moins attentif. L'admirable Gainsborough la sentait si vivement qu'il me semble l'avoir rendue avec une certaine exagération. Si, dans l'œuvre de Wilson, les objects les plus légers, les feuillages, par exemple, ont trop de consistance; les corps solides, les terrains, n'en ont pas assez. Les eaux sont belles, transparentes sous la lumière, quelquefois épaisses du côté de l'ombre. Wilson aime surtout la nature au moment où les végétations prennent les teintes mêlées de l'automne. C'est alors que la campagne prend son air le plus doux, le plus mélancolique, le plus religieux. Wilson y promenait ses chagrins avec une amère volupté. C'est le peintre de la chûte des feuilles.

Il suffit de voir à l'Académie Royale le portrait de Gainsborough peint par lui-même pour bien connaître son caractère et pour dire de lui : " Nature riche et tendre, âme subtile et douce, homme exquis, né pour jouir et souffrir de tout avec une délicatesse et une profondeur infinies!" On le sent vivre. Toute sa personne respire

la noblesse innée, l'aristocratie de l'intelligence et du
cœur, la seule véritable. Aimable et beau à se faire
suivre, il est bien anglais par la limpidité du sang ; on
le dirait allemand à la douceur de quelques airs de tête,
français par la vivacité de la physionomie. Un charme
inexprimable rayonne sur son visage. Ses yeux profonds
cherchent à la fois au dehors et au dedans d'eux-mêmes,
comme s'ils étaient doubles, vaguement suspendus entre
le monde physique et le monde moral, entre l'observation et le rêve. Ces yeux magnétiques participent, en
quelque sorte, au sens de l'ouïe tant ils sont chargés
d'attention ; l'artiste vous regarde et semble écouter en
même temps les notes mourantes d'une mélodie lointaine
ou les bruissements intérieurs de sa propre pensée.

L'exécution de ce portrait est enlevée avec l'aisance et
la simplicité habituelles à l'artiste. C'est l'innéité du
génie jointe à l'habileté pratique, habileté qui ne paraît
presque pas, tant elle est parfaite. Thomas Gainsborough
produit ses ouvrages comme un arbre porte ses fleurs et
ses fruits. Et ces ouvrages faciles vous pénétrent à tel
point que l'on ne les oublie jamais. Gainsborough est
doué, même dans ses peintures manquées, d'un charme
irrésistible. Et le charme naturel chez l'artiste est une

qualité supérieure à la force. Les cœurs viennent à lui par entraînement, ce qui le dispense des efforts et des soucis de la domination. Les maîtres plus savants et plus austères que ne l'est Gainsborough ne peuvent lutter contre lui. Dans leurs ouvrages on est à l'école; dans les siens on est à la fête.

Voici " l'Enfant Bleu," qui du fond de la toile semble venir à vous. Son bras gauche ployé tient relevé sur la hanche un élégant manteau; le bras droit pend avec souplesse le long du corps; la main tient un grand feutre noir à plumes blanches; les chausses sont fixées au genou par une jarretière moirée à crépines d'argent; le bas de soie est bien tiré sur cette jambe fine; son petit pied se cambre dans un soulier à grands nœuds de rubans. Ce doux visage est encadré par une fraise brodée à jour. Pas un prince ne l'emporte en noblesse et en grâce sur " l'Enfant Bleu," qui, pourtant, n'est qu'un enfant du peuple, idéalisé par le peintre. L'art ennoblit tout ce qu'il touche. Et que l'on sent bien ce corps palpiter et saillir sous ce charmant costume ! La lumière le caresse obliquement ; le côté droit de la poitrine se modèle en tournant, la jambe droite s'efface, la gauche se prononce ; la silhouette générale du corps est noyée dans l'atmosphère avec une douceur, une subtilité dont il serait difficile de trouver un pareil exemple dans l'œuvre entier de Van Dyck. Gainsborough ouvre derrière " l'Enfant Bleu" toute la profondeur d'un paysage, et, bien que rien n'y soit déterminé ni dans le ciel ni sur la terre, la simple ébauche parle ici beaucoup mieux que ne le pourrait faire une peinture achevée. Le soleil va s'éteindre dans les vapeurs du crépuscule. L'Enfant s'arrête, gagné par la tristesse du soir qui commence à descendre sur la campagne. L'harmonie de la couleur bleue prise par Gainsborough, en contradiction des préceptes de Reynolds, n'a rien de froid, rien d'insolite. Van Dyck, si je m'en souviens bien, nous l'a montrée avec bonheur dans la figure allégorique de la Duchesse de Southampton. L'Enfant, tout vêtu de satin bleu, serait, pour ainsi dire, isolé dans le fond du paysage, qui est d'un ton chaud, si l'artiste ne l'y rattachait par les teintes bleuâtres répandues autour des arbres et dans les nuages. La foule se pressait tous les jours, à l'Exhibition de Manchester, devant cet admirable tableau, obéissant à son insu à l'irrésistible attraction d'un chef-d'œuvre à la fois naïf et raffiné, inexplicable comme la séduction.

Gainsborough comprend la femme avec une finesse de

coup-d'œil et une délicatesse de cœur que Van Dyck, Reynolds et Lawrence ne me paraîssent pas avoir au même point que lui. Il nous dit tous les secrets de son caractère et de sa beauté : impressions, ruses, caprices, bouderies, violences et tendresses, gestes, maintien, démarche, coquetteries et grâces félines. Il fixe sur la toile le velouté de pêche, les érubescences de rose, les bleus tendres ou meurtris du teint de la blonde ; les tons verts, jaunes et bistres, qui luttent ardemment dans le teint de la brune, et il nous fait sentir, d'une touche légère comme le coup d'aîle du papillon, l'imperceptible duvet qui ombre son visage. L'artiste qui sait bien tout ce que la femme, en apparence la plus naïve, peut mettre de savoir subtil dans sa familiarité et dans son abandon, ne l'observe pas seulement, il la devine. Aussi pose-t-il sa tête, son corps, ses pieds, ses mains avec une merveilleuse finesse d'intention qui n'appartient qu'à lui et qui ne blesse ni le naturel ni la simplicité. C'est dans ce sentiment exquis qu'il me paraît avoir peint Mistress Graham, aux lèvres de cerise, aux carnations fleuries, et dont la riche et capricieuse toilette est le chef-d'œuvre du dandysme féminin. Mais je préfère à tant d'éclat l'intimité du portrait presque détruit de la célèbre Mistress Siddons, dont la toilette de ville est la plus piquante expression du simple dans l'étrange.

Gainsborough a trop d'esprit pour donner la moindre enflure à ses personnages illustres. Il honore, au contraire l'intelligence en respectant le naturel de sa physionomie. Le portrait de Garrick passe pour être manqué ; mais, à la façon dont le célèbre acteur tient son livre ouvert, à sa manière de regarder, de sourire et de s'accouder, nous voyons le fond de son humeur, nous suivons le tour de ses pensées. Cette délicatesse, cette subtilité de l'observation du peintre, ajoute non seulement à l'esprit, à la grâce, mais encore à l'énergie du sujet. William Pitt, violent et rude dans la toile de Hoppner, me paraît beaucoup moins redoutable qu'il ne l'est dans celle de Gainsborough, qui a compris et rendu son caractère avec une véritable acuité morale.

Que Gainsborough est émouvant par ses paysages ! Tout entier aux impressions de la nature, de la nature de son pays, il ne sent ni les conventions, ni la plus légère influence d'école. Si, par hasard, il paraît ressembler à Rubens, à Cuyp, à Huysmans de Malines, ce n'est que par analogie de tempérament, analogie bien passagère ; il ne relève en réalité que de lui-même. Quel génie !

Quelle tendresse de cœur ! Il embrasse l'homme, les animaux, tout ce qui vit, tout ce qui respire, de son immense sympathie. Voyez ces deux jeunes mendiants errant à l'aventure. L'un lève les yeux au ciel, comme pour implorer le pain de chaque jour, et sa main maigrelette retombe découragée. Son vif chagrin s'avive de la douleur du petit frère qui le suit. C'est ainsi que le conteur Perrault nous montre le petit Poucet et ses frères, abandonnés dans la forêt par des parents trop pauvres pour les nourrir. Le peintre anglais et l'écrivain français ont également exprimé la touchante détresse de l'enfance. Le chef-d'œuvre de l'un est comme le chef-d'œuvre de l'autre, un cri du cœur, une plainte de la nature.

Gainsborough nous pénètre encore ici à tel point de sa propre émotion que nous oublions la beauté du paysage, les bords charmants de cette rivière ombragée, pour suivre le long du sentier les trois enfants du cottage, qui vont à la corvée. Le plus jeune accable de son poids la petite fille qui le porte dans ses bras comme une mère. On les plaint, ces pauvres petits: leur chaumière, qui fume là-bas, a l'air bien délabrée ; la misère l'habite. L'amour du plus beau site semble s'effacer dans le cœur de l'artiste dès qu'un être vivant apparaît à ses yeux. Ce qui le frappe surtout, c'est l'homme. Il a même à l'égard des bêtes quelque chose de la vive sensibilité de Sterne. S'il met deux chiens aux prises, les larmes roulent dans les yeux du pâtre dont le chien est battu, et c'est à peine si l'artiste peut exprimer la brutalité du chien victorieux et la satisfaction de son maître.

Il choisit d'une manière admirable ses sites sans avoir l'air de les chercher. Ordinairement ce sont de doux abris, ombragés de grands arbres, éclairés par un ciel tranquille. Si le peintre soulève quelquefois l'orage, il paraît laisser aux laboureurs, aux bergers, aux troupeaux, le temps de regagner la ferme. Rien ne trouble, rien n'épouvante les êtres pacifiques qui vivent au bord de ses ruisseaux ou qui se reposent au fond de ses chenaies ; les endroits qu'ils ont à traverser ne présentent ni escarpements dangereux ni halliers déchirants. Tout est bonté, mansuétude, poésie dans la nature de Gainsborough, sur ces pelouses rafraîchies par des sources vives ; dans ces prairies bordées de vieilles saulées ; au bord de ces rivières retentissantes du tic tac des moulins ; sur ces collines couronnées d'arbres à hautes tiges, à riches frondaisons, immenses parasols de verdure remués par le

vent. Par moments l'uniformité du ciel bleu est seulement coupée par des flocons de nuages blancs, chargés d'une
vive lumière ; une teinte d'azur enveloppe la masse des
végétations, inonde le lointain avec cette exagération
de teintes si familière à Breughel et à Paul Bril, que l'on
pourrait surnommer les peintres bleus des Flandres.
Dans les matinées humides, ses arbres sont enveloppés de
vapeurs grises et fumantes, qui cèdent encore au teintes
bleues à mesure que le ciel s'éclaircit, que la lumière du
soleil se dégage et s'étend. Gainsborough suit enfin
les phases changeantes du ciel, mais il en affecte rarement les aspects violents. Une fantaisie particulière à
l'artiste, qui contraste avec la fraîcheur naturelle du
paysage anglais, et que, du reste, les flamands et les
hollandais poussent si loin, c'est une harmonie fauve
d'une chaleur extrême.

Gainsborough peint les bêtes non pas avec l'application pratique, mais avec le sentiment rêveur de Paul
Potter. J'ai vu dans un petit tableau du maître anglais
quelques bœufs d'une physionomie grandiose, vaguement
arrêtés à la pointe d'un promontoire qui surplombe a
mer. Humant l'air salé, ils allongent leurs têtes pensives
et plongent dans la profondeur de l'horizon de grands

yeux étonnés, saisis par cette terreur de l'infini que la mer et le ciel confondus font éprouver à l'âme immortelle de l'homme et à l'âme innommée des animaux.

Parfois une joie universelle chante dans les paysages de l'artiste, et monte de la terre au ciel avec les alouettes vives dont les petits cris percent les brumes.

Gainsborough, dans le paysage surtout, est un improvisateur, qui enlève le sujet sous le feu de l'impression. Aussi ses tableaux ont-ils l'air d'esquisses faciles et courantes. Et c'est précisément ce large "non fini," qui, à distance, en fait la vérité, le charme. Gainsborough se livre à son propre cœur et laisse son pinceau couler de source. Il ne cherche pas à frapper de grands coups, à l'exemple de certains génies laborieux et pleins de préméditation ; et, par cela même, il les frappe. La douce chaleur de son âme passe dans la nôtre ; ses pleurs nous font pleurer.

Au plus fort de sa misère, au plus fort de ses emportements qui éloignèrent de lui ses amis, Burke lui-même le plus patient de tous, James Barry, dont les ouvrages décorent cette enceinte, fut le protégé de la Société des Arts, qui ne tient jamais rigueur à quiconque pense et parle librement, tant elle-même se sent forte de sa propre indépendance. Barry voulait faire mentir Montesquieu et Winckelmann, affirmant l'un après l'autre que le génie est une question de latitude. Il réfutait leurs arguments par les exemples de la Grèce et de l'Italie, où l'art est mort, bien que les splendeurs de la nature y restent immortelles. Barry eut peut-être le tort de vouloir inculquer d'autorité à ses concitoyens des sentiments et des croyances. Si l'éloquence des convictions personnelles entraîne d'ardents prosélytes, elle ne bouleverse pas en un jour les traditions d'un peuple. Mais il y a quelque chose de respectable et de touchant dans l'erreur même d'un artiste qui croyait sacrifier sa vie à la Vérité. Son idée fixe fut de faire sentir à son siècle la vanité de l'Art, quand il n'est pas absolûment appliqué à l'expression de idées sociales et religieuses. Par cette affirmation, ne semblait-il pas détruire, lui-même, l'Art qui ne peut vivre que de la liberté, de la variété de ses impressions? Et d'ailleurs Barry n'en proscrivait-il pas les charmes dans ses propres ouvrages par la négation de la couleur et par la suppression de l'effet, effet qui a tant de puissance sous le pinceau des maîtres coloristes? Vous le voyez, Messieurs, ces compositions sont noblement conçues et puissamment tracées, mais la couleur en est sèche et morne.

C'est ainsi que nous avons vu aussi en France les derniers disciples de Louis David, exagérant son despotisme sans le compenser par aucune de ses grandes qualités, poser en principe le culte exclusif de la forme humaine et chercher à faire prévaloir la beauté de la combinaison des lignes ou contours du dessin proprement dit. Il n'y a pour eux ni caractère, ni grand style hors de l'imitation des types nus ou drapés empruntés à la statuaire, aux fresques, aux vases d'Herculanum et de Pompéi, aux ouvrages de Raphael ; comme si le style pouvait être une pure convention d'école et non l'expression originale et libre du sentiment particulier à chaque maître ! Ils ajoutaient que les effets de la lumière, la couleur et le spectacle du paysage diminuent l'importance de la forme humaine, et la réduisent à un aspect indéterminé ou à une sorte de vérité vivante tout-à-fait vulgaire, agréable peut-être aux yeux, mais contraire à l'imagination qui fuit la réalité.

Vous, Messieurs, qui avez eu et qui avez encore de grands coloristes dans votre école, vous savez bien que la Beauté dans l'Art ne provient pas exclusivement de l'agencement linéaire, mais aussi de l'harmonie et de l'effet de la couleur ; que la sécheresse des contours tend même à la détruire; que la Beauté humaine résultat expressif de l'agitation physique et des affections de l'âme, au lieu d'être emprisonnée étroitement par des lignes, nous est sensible par sa mobilité même, vue à travers le prestige de la lumière, prestige sans lequel il ne saurait y avoir après tout ni peintre ni spectateur. Vous savez qu'il est impossible de bien rendre le relief, le mouvement des corps sans la combinaison juste et savante des tons de la couleur. Vous reconnaissez à la vue des magnifiques marbres du British Museum que la statuaire antique elle-même doit plutôt sa grande tournure à la saillie, à la largeur de ses plans qu'à la circonscription de ses lignes. En imposant à son époque l'imitation de types invariables empruntés du passé, Barry contrariait la nature, variée à l'infini suivant les temps, les lieux et les races, et, quand il niait la couleur, il abolissait à demi la Peinture.

Je m'honore d'avoir en France pour ami, un illustre artiste, qui, par son mépris de la couleur, se fût bien entendu avec Barry, et qui eût excité la jalousie de Fuseli par son enthousiasme pour Michel-Ange: c'est M. Paul Chenavard, chargé, il y a quelques années, de la décoration du Panthéon de Paris, et dont vous aurez pu voir les Cartons à l'Exposition Universelle de 1855. Il pense, avec Barry, que l'art a pour unique mission de représenter les faits héroïques et d'exprimer les idées sociales. Seulement, au lieu d'affirmer, à la manière de votre illustre compatriote, la loi du progrès humain, il en professe la négation absolue.

Barry nous représente ici l'homme à l'état sauvage, et il le conduit par degrés au Bonheur. Mais l'artiste, malgré sa haute intelligence, n'y est pas lui-même arrivé. La vie de l'homme sauvage que je vois là sur cette toile, adouci par la lyre d'Orphée, ne vous semble t-elle pas préférable à l'existence désolée de cet âpre génie ? Non, Messieurs, non, les lumières de la civilisation ne font pas toute notre joie ; elles descendent quelquefois dans notre esprit suivies par la grande ombre de la Mélancolie. Heureux les hommes simples, préservés de l'orgueil et des découragements du savoir par l'amour de la nature, la tendresse des affections privées et la naïve admiration du Beau !

L'antiquité, me disait naguère un français, fut pour John Flaxman une fontaine de Jouvence. Il s'y plongea. Génie plein de noblesse, de réflexion, et soutenu par un grand savoir, votre immortel compatriote tient le milieu dans la tradition de l'art européen entre le sculpteur Canova, homme de sentiment, et le peintre Louis David, homme de volonté. Un artiste qui jouit en France de la plus grande renommée, M. Ingres, est, à la fois, l'élève de Louis David et de John Flaxman. Les vases étrusques et la sculpture des Eginètes donnèrent à Flaxman de très belles inspirations. Il a apporté dans l'art renouvelé de l'antique une extrême simplicité, peut-être inconnue avant lui, simplicité qui, en favorisant la grandeur du sujet, prouve l'élévation de l'intelligence et la perfection du goût de ce noble artiste.

L'œuvre de Thomas Lawrence est le bouquet des fines fleurs de la beauté. Heureux génie ! A l'âge où les plus grands peintres luttent contre les difficultés de l'Art et contre l'indifférence de l'opinion, il était l'idole de son temps, l'enfant gâté de la Fortune. On dirait que le reflet de la prospérité de l'artiste éclaire le visage de ses modèles, qui, déjà, sont les heureux du monde. Reynolds accuse à divers degrés le caractère des passions ; Lawrence en adoucit, en dissimule l'expression, et, tel est son amour pour la jeunesse et la fraîcheur, que son pinceau répugne à retracer sur le visage des vieillards les effets naturels de l'âge. Avec quelle subtilité il évite la sécheresse des rides et l'affaiblissement des chairs dans l'admirable portrait de l'architecte John Soane, que le fidèle Jackson n'eut point ainsi osé rajeunir ! Lawrence était donc né le peintre des femmes. Par la merveilleuse finesse de son dessin, l'éclat, la fraîcheur de sa couleur, la suavité de sa touche ; par le sentiment exquis de toutes les délicatesses, de toutes les élégances, Lawrence a surpassé parfois Van Dyck lui-même. Les femmes de Van Dyck posent tranquillement devant nous ; celles de Lawrence nous interrogent de leurs yeux brillants et nous parlent de leurs lèvres fraîches et entr'ouvertes. Peut-être Lawrence a-t-il recherché quelques moyens d'effet à la Reynolds dans le portrait de la Comtesse de Derby, qui se promène en robe blanche garnie de fourrures, au milieu d'un parc verdoyant ; dans celui de Lady Leicester, debout, environnée d'Amours, sur des nuages remuants. Mais, quelle grâce, à la fois simple, éclatante et robuste, dans le portrait de Mistress Siddons, toute pensive, la main suspendue aux feuillets du livre dont la lecture l'a touchée. C'est particulièrement à l'un de ces effets dont je parlais à l'instant que le portrait de Kemble, dans le rôle de Hamlet, nous frappe, malgré la langueur de la physionomie, qui est loin d'exprimer l'apreté morale du héros de Shakspeare. La douleur, au lieu d'amollir son caractère, le fortifie, lui donne quelque chose d'astringent dans le drame du poète. Dans la peinture de Lawrence, Hamlet manque de nerf et de stoïcité. Considéré comme un simple portrait de Kemble, il manque même d'accent. Et, malgré tout, belle peinture! Hamlet est debout dans le cimetière, les bras pendants, les yeux pleins de pensées. Ce grand manteau de fourrures, doublé de rouge, sur lequel une lumière morne vibre tristement, ces cyprès dont les flèches s'élancent dans les obscurités du ciel, sont des moyens un peu mélodramatiques mais frappants. Hamlet porte des insignes d'honneur qui ont aussi leur éloquence au cou de ce prince, songeant aux vanités humaines sur la tombe d'un fou.

Ces intentions révèlent chez Lawrence une imagination poétique capable de lui inspirer des ouvrages de l'ordre le plus élevé. La vogue l'attacha pour toujours au portrait, genre très périlleux qui pousse l'artiste a faire aux gens du monde, avides de flatterie, d'énervantes concessions. Si Lawrence eût peint, dans toute la liberté de son tempérament, à la vérité un peu tiède, mais très noble et très riche, il eût montré plus d'abondance, plus de caractère, et surpassé Reynolds et Gainsborough à la fois. Mais non, le sentiment lui manquait. D'un autre côté, il avait, pour les hautes régions de la société, ce goût excessif des grands hommes qui sont sortis du peuple. Il sacrifia le beau, rarement compris, au joli, toujours admiré. Il voulut plaire à tout prix et ne connut jamais d'autre souffrance que l'excès même du bonheur. Pris, vers la fin de sa vie, de la satiété du succès, maladie d'autant plus aiguë qu'elle est plus rare, il promena jusqu' à son dernier jour sa tristesse et son ennui. Ses portraits du Pape Pie VII et de Maître Lambton, qui furent tant vantés à Paris, ont fait dans l'art de ce siècle une révolution, et le sourire de ses ladies a pris dans l'histoire une date immortelle. Lawrence est le vrai créateur du portrait moderne, le glorificateur de la beauté des femmes d'Angleterre.

David Wilkie transcrit les personnages sur sa toile avec la fidélité d'un objectif. Une figure de Hogarth est le portrait d'une passion. Une figure de Wilkie est le portrait d'un individu. Hogarth peint ce qui le frappe pour en tirer un enseignement ; Wilkie peint ce qu'il voit pour nous amuser et nous plaire. L'œuvre de Hogarth est une histoire morale ; l'œuvre de Wilkie est une chronique familière. L'un parle à la pensée ; l'autre s'adresse aux yeux. Avec des types anglais, Hogarth nous fait connaitre l'homme de tous les temps et de tous les pays ; avec les mêmes types, Wilkie donne au voyageur qui passe la physionomie de sa nation. Hogarth est en même temps un psychologue et un peintre ; Wilkie est un peintre, un excellent peintre seulement. Il pousse encore plus loin que ne le fait Hogarth la vérité des physionomies ; mais ses figures, au lieu d'exprimer une idée, expriment une sensation passagère. Un homme tousse, rit ou boit : Wilkie le fait tousser, rire ou boire avec un naturel parfait ; voilà tout. Il est de beaucoup supérieur à Hogarth par l'exécution ; encore Hogarth me plaît-il d'avantage par son ampleur, et même par sa négligence. Mettez le " Violoniste aveugle" de Wilkie à côté "du Repas des élections" de Hogarth, et vous verrez la différence. Wilkie est de l'aimable famille de Téniers ; mais il surpasse le flamand par la patience de son travail et par l'intensité qu'il donne à la couleur. Wilkie médite profondément et dispose avec ordre ses compositions les plus populeuses, tout en les scindant par épisodes ; Téniers éparpille avec un certain désordre la plupart de ses sujets.

Les tableaux de Wilkie sont des compte-rendus, des procès verbaux de ce qui se passe dans l'intérieur ou dans la rue : écoutez un homme curieux, attentif, minutieux à l'excès, à qui rien n'échappe et qui à besoin de vous dire tout ce qu'il a vu, tout ce qu'il a trouvé dans une maison, dans une ferme, dans une auberge du Royaume Uni : il vous donnera toute espèce de détails sur le père, la mère, les enfants, l'aïeul, l'aïeule, le gendre, la bru, le valet, la servante, le chien, le chat, le bœuf, le mouton, le cheval et l'âne ; il décrira les pots, les plats, les chaises, les tables, les étagères, et vous aurez devant vous le peintre Wilkie ; mais, s'il omet une planche, un bâton, un verre, un clou de porte, cet homme là n'est pas Wilkie.

Il n'y a qu'un moyen d'exprimer sa pensée sur ce génie, si attentif et si fidèle au moindre détail de la nature, et ce moyen c'est d'essayer de peindre par la parole un des sujets qu'il a racontés lui-même par le pinceau.

Wilkie multiplie les contrastes et met en balance perpétuelle les airs de tête, les attitudes, les gestes, les formes, les âges, les sexes et les tempéraments.

Il possède au suprême degré la vivacité du geste :

on entend les éclats de rire dans le "Colin-Maillard;" je n'ai vu nulle part des enfants plus pétulants que dans la "Chasse aux rats:" C'est le génie d'Ostade jaillissant en étincelles. La "Lettre de présentation" est un tableau d'une expression profonde. L'intensité de la couleur est frappante dans " Les Joueurs de cartes." Le peintre excelle dans les ouvrages de petite dimension; il délaye ses facultés dans les grandes toiles. " Napoléon et Pie VII" est un ouvrage manqué. Les esquisses de Wilkie sont admirables; il les gâte souvent en les poussant plus loin par un excès d'application. Il reste un grand peintre : Il a la vie et il la donne.

Richard Bonington, qui véeut en France, et qui mourut dans la fleur de l'âge, est un des plus charmants artistes de l'Angleterre. Sa facilité était prodigieuse ; son habileté se montra parfaite dès le jour où il prit le pinceau. Plus d'un artiste français m'a parlé de ce grand et doux jeune homme de quinze à seize ans, qui copiait les maîtres au Louvre et fesait chez lui des aquarelles magistrales, animées d'une verve qui contrastait avec son air tranquille.

Constable et Turner sont de véritables réformateurs, sortis l'un et l'autre de l'ornière des paysagistes anciens.

L'école française abonde en artistes de talent, qui ont profité de leur exemple. Constable, surtout, a exercé sur eux la plus vive influence. L'apparition de ses tableaux à Paris (Exposition de 1824), fit dans notre école une véritable révolution. Géricault et Charlet, deux artistes dont la France s'honore, avaient vu à Londres les tableaux de John Constable, et ils les vantèrent partout avec cette générosité française toujours prête à glorifier, même à ses dépens, tout ce qu'elle rencontre de beau et de grand chez tous les peuples. La jeunesse prit feu aux ouvrages de Constable : nos paysagistes vivants les plus célèbres, Corot, Théodore Rousseau, Paul Huet, Troyon, Mademoiselle Rosa Bonheur sont ses admirateurs passionnés. Eugène Delacroix, de l'Institut de France,—qui fut l'ami de Thomas Lawrence, de Wilkie, de Bonington, de Copley Fielding, de Turner, d'Etty et de tant d'autres de vos artistes illustres, qui, de leur côté, ont admiré ses ouvrages,—Eugène Delacroix fut tellement frappé lui-même de la puissance, de la variété de la couleur de Constable qu' aussitôt après avoir vu ses tableaux il alla faire des retouches à son propre chef-d'œuvre de jeunesse " Le Massacre de Scio," une des toiles les plus pathétiques de ce siècle. Ce seul fait porte assez haut le génie de votre compatriote, et je me plais à l'ajouter ici aux précieux Mémoires de Constable, mis au jour par l'éminent Charles Leslie, de l'Académie Royale de Londres.

Il ne m'est pas possible de m'étendre dans ce discours sur l'œuvre de Turner, si profondément analysé par l'illustre écrivain John Ruskin, ni sur l'œuvre de John Constable. Mon admiration m'entraînerait trop loin.

L'aspect de la Création était pour Turner une magique féerie et pour Constable un orchestre divin. Le premier ennoblit, transfigure les sites, poursuit l'effet pittoresque avec les audaces, les hallucinations de l'inventeur; le second peint les lieux tels qu'ils sont, mais avec une profondeur d'observation, une énergie de sentiment, qui donnent à la plus humble de ses réalités le caractère de la plus haute poésie. Turner, sans oublier son indépendance personnelle, imite plus ou moins les maîtres de tous les temps et de tous les pays, et tire des contrées de l'Europe, quelquefois de son propre cerveau, des décorations éclatantes qui troublent ou enivrent les yeux; Constable prend tout en lui-même, et, concentrant ses affections dans les recoins chéris de sa terre natale, devient le paysagiste le plus vrai, le plus robuste, le plus expressif, le plus éminemment anglais. Inférieur peut-être par l'étendue des facultés à Gainsborough, qui, lui, avait aussi bien saisi la physionomie humaine que celle de la nature extérieure, Constable domine ce noble maître par l'énergie, l'éclat, la variété de l'exécution et par la rude virginité des émotions rustiques.

Hogarth, ennemi mortel de l'hypocrisie, poussa l'amour de la vérité jusqu'à la violence : Constable, en haine de l'affectation, s'attachait au naturel avec une sorte de fanatisme. Il gagne en fermeté, en certitude, ce qu'il perd d'ampleur et d'effet, lorsqu'il veut réprimer en lui-même les glorieuses audaces, les visions surnaturelles de Turner ; mais sa fidélité à la simple nature n'a rien d'étroit ni de borné. Turner fait beaucoup pour la vérité ; mais souvent il s'envole loin de la terre sur les ailes de l'imagination ; si parfois il tombe, c'est de haut, et après avoir vu des mystères inconnus aux timides. Constable est un cœur naïf, un homme raisonnable ; Turner est une âme altière et aventureuse, un rêveur exalté. Et pourquoi lui interdire ces élans, ces visions de l'âme qui voit autrement loin que nos pauvres yeux de chair, obscurcis par nos pleurs ? Contemplons la nature en poètes. Vue dans sa stricte réalité, elle n'est guère qu'une morne solitude ou un théâtre sans acteurs de génie ; et l'artiste qui se contente de la rendre exactement et froidement n'est rien de plus qu'un copiste servile ou un vulgaire topographe.   Mais le peintre doué de la passion de Gainsborough, de Turner, de Constable, prête à la nature physique une sorte de vie morale et de grandeur épique ; il enveloppe le coin le plus dénué de la terre de toute la magie de ses pensées, fait parler aux flots, aux forêts, aux nuages, le langage de ses propres passions et dit avec Milton :—

" Ce ne sont pas les lieux, c'est mon cœur que j'habite."

Mais, entraîné par la poésie générale de l'Univers, le génie de l'artiste tomberait dans le vide, s'il perdait de vue les plus petites choses que la Nature comprend elle-même dans son vaste sein.   Elle a fait avec un égal amour, avec une égale perfection, la fourmi et l'éléphant, le brin d'herbe et le chêne, le caillou et la montagne.   Comme la nature, le peintre peut se montrer grand dans les petites choses.   La naïveté du sentiment, la fine précision de la main, font, par moments, toute sa force. Mais lorsque la Nature, cachant les détails de sa beauté, se pose dans l'ensemble mystérieux de son unité, l'humble émotion du

cœur, la finesse de l'observation, la précision du pinceau
ne suffisent pas à l'artiste. Ce qu'il lui faut, c'est l'exaltation du cerveau, la fougue et l'ampleur de la main. Ce
n'est pas le fini à peindre, c'est l'infini à ébaucher.

Ce qu'il y a, Messieurs, de bien frappant pour moi
dans le génie des artistes Anglais c'est la pénétration, l'énergie, la justesse qu'ils apportent dans l'étude
de la nature et cette conviction spirituelle et naïve
qu'ils savent aussi faire passer dans les ouvrages de
pure imagination. A force d'être vrais, ils ne sont pas
vulgaires. En poussant même cet amour inné de la vérité
jusqu'à l'excessive expression des détails, ce qui, à première vue, semblerait contrarier la grandeur pittoresque,
ils ont trouvé le moyen de rendre le côté vivant, intime,
positif du caractère de leur pays, beaucoup mieux
peut-être qu'ils ne le feraient en s'appliquant aux géné-
ralités de forme, de couleur et d'effet enseignés par les
vieux maîtres du continent, pourtant si chers à Reynolds,
à Gainsborough et à Thomas Lawrence. Semblable au
vin généreux qui mûrit au soleil de la France, l'art
Anglais, excité par la douce et forte chaleur du foyer
domestique, a, lui aussi, le goût du terroir, l'odeur de la
patrie. Il est Anglais, et non pas un insipide imitateur

des autres peuples ; il est bien Anglais, c'est à dire libre ;
Anglais par toutes les fibres du cœur, par toutes les
excitations de l'intelligence, et l'Europe admire la vive
originalité, la forte indépendance de vos maîtres. Ils
ont ce vigoureux sentiment qui donne la vie, le mouvement, l'expression, aux plus humbles et aux plus nobles
sujets. Leurs peintures sont les vivants miroirs de votre
caractère, de vos mœurs, de votre civilisation. Ces
vieillards, calmes et sévères, qui, les mains entrecroisées,
le front clair, les yeux pensifs, semblent, sur ces toiles,
récapituler les longues années d'une existence laborieuse
et sage, ce sont vos pères vénérés ; ces femmes fortes,
tranquilles et douces, si attachées aux soins de l'intérieur,
sans penser aux énervantes frivolités du monde, ce sont
vos épouses fidèles ; ces enfants robustes, joyeux et
dociles, anges de la maison, jouant avec les animaux
familiers, et poussant, au milieu des joujoux, les hourras
de la Christmas, ce sont vos beaux enfants ; et ces
hommes mûrs, dominant le tableau, comme des patri-
arches aimés et obéis, c'est vous-mêmes. Voilà, Messieurs,
les sujets favoris des artistes Anglais, de véritables
poèmes intimes et touchants, inspirés par l'amour de la
plus sainte des institutions : La Famille.

Et quelle variété de maîtres vous avez, Messieurs, la gloire de compter : ceux qui suivent leur propre fantaisie ; ceux qui s'inspirent de vos poètes, si nombreux et si grands depuis Shakespeare jusqu'à Tennyson ; ceux qui traduisent les éloquentes pages de vos historiens, depuis Hume jusqu'à Macaulay ; ceux qui donnent une seconde vie aux admirables types de vos romanciers Swift, Sterne, Fielding, Richardson, Goldsmith, Walter Scott, Charles Dickens et Thackeray.

Je les aime encore ces artistes qui nous montrent avec tant de verve et de franchise tous les traits du caractère de John Bull, son activité, ses passions, ses douleurs ou ses vices, sa grosse jovialité ou sa mordante ironie ;

Je les aime, vos paysagistes, si attachés à la terre natale que les plus longs voyages semblent fortifier leurs impressions nationales au lieu de les affaiblir : Je me plais à les suivre chez vous dans les plaines fécondes de Nottingham et de Peterborough, aux magnifiques troupeaux groupés sous les grands chênes ; sur la colline de Greenwich, d'où l'on voit l'immense panorama de la Tamise se dérouler à travers les changeantes magies d'un ciel violenté par la lutte du soleil, des brumes et des fumées de vos incessantes fournaises ; sur les hauteurs de Hampstead, de Highgate, et de Richmond, où l'on jouit si vivement de l'air pur et du silence de la nature, quand on évite pour un moment le tumulte de Londres et l'oppression de son atmosphère. Je traverse avec ces artistes charmants les rivières, les bois, les champs si bien cultivés du Suffolk, les terrains tourmentés du Yorkshire, les sauvages gorges de l'Ecosse, les riantes collines de l'Irlande, les lacs du Cumberland, les falaises de Jersey, les plages de Liverpool, couvertes d'émigrants qui s'en vont, l'espérance ou la tristesse au cœur, chercher une nouvelle vie dans les contrées lointaines; et je regarde bien souvent d'un œil épouvanté les embarcations de vos incomparables peintres de marines, ballottées par les tempêtes ou brisées contre les rochers de la côte.

Oui, les peintres anglais ont tiré de la Nature toutes les formes, tous les caractères, toutes les harmonies. En s'attachant à rendre avec une profonde sincérité l'aspect de la création, ils ont fait sentir d'une manière simple, pathétique, éclatante, ou grandiose, le lien moral qui rattache la pensée de l'homme, le rêve des bêtes, la sensation de plantes, la vie des éléments à la mystérieuse et solennelle puissance de Dieu.

Pardonnez moi, Messieurs, d'avoir passé dans ce discours, déjà trop long, sur beaucoup d'artistes qui, à divers degrés, honorent la tradition de votre école : Benjamin West, Fuseli, Northcote, Cosway, Opie, Morland, Romney, Copley, Harlow, Hoppner, Jackson, Raeburn, Stothard ; sans compter encore les architectes, les sculpteurs, les peintres de miniatures, d'aquarelles, les dessinateurs et les graveurs ; tous les artistes, enfin, qui, du portrait à la toile héroïque, du mausolée au temple, du buste au groupe équestre, de la vignette au tableau, ont marqué ce qu'ils ont touché de l'empreinte particulière à leur génie.

Permettez moi, Messieurs, de ne point faire ici l'éloge personnel de vos artistes vivants, en leur présence. L'étude de leurs ouvrages, nécessaire à l'achèvement d'un livre que j'écris, (" Histoire des Artistes Anglais morts et vivants") est précisément ce qui me retient dans ce pays.

A l'exception des artistes de l'école française dont le cœur et l'imagination ne veulent pas vieillir, les chefs des autres écoles du continent semblent s'user dans les stérilités de l'imitation. Vous, artistes anglais, sans mépriser les grandes traditions de la Grèce et de l'Italie, vous savez rester originaux et libres. Les écoles du continent sentent le poids de l'âge et les fatigues de la gloire. Elles comptent déjà cinq siècles d'existence; l'école anglaise est jeune, et à peu près contemporaine de la Société des Arts.

Depuis l'Exposition Universelle de Paris, depuis l'Exhibition de Manchester, elle a définitivement conquis les sympathies de l'Europe et reçu la visite des plus illustres personnages : vous avez vu, Messieurs, dans vos galeries, Sa Majesté l'Empereur des Français, S.A.I. le Prince Napoléon Bonaparte, S.E. M. Achille Fould, Ministre d'Etat. Nos écrivains célèbres les ont vantées : MM. Prosper Mérimée, du Sénat et de l'Académie française, dans la " Revue des Deux Mondes;" Charles Blanc, dans un livre intitulé " Les Trésors de l'Art;" Edmond About, dans son " Voyage à travers l'Exposition Universelle;" et Théophile Gautier, dans le " Moniteur Universel."

Les artistes, les écrivains français sont toujours bien reçus chez vous, Messieurs. La gracieuse libéralité des honorables et savants fonctionnaires qui dirigent vos Institutions et conservent vos richesses d'art, s'est étendue jusqu'à moi. Et je saisis avec bonheur l'occasion de rendre un hommage public à l'éminente bonté de Sir Charles Eastlake, Président de l'Académie Royale, qui

tient ici, en ce moment même, le siège de la Présidence ;
à MM. Charles Landseer et Richard Redgrave, de l'Académie Royale ; à MM. C. Wentworth Dilke, chairman
du conseil de la Société des Arts et Peter Graham, membre du conseil, chevalier de la Légion d'honneur ; à M.
John C. Deane, Commissaire Général de l'Exhibition de
Manchester ; à M. P. Le Neve Foster, secrétaire de la Société ; à MM. Carpenter, conservateur du cabinet des
Estampes au Musée britannique et J. C. Robinson, conservateur au Musée de Kensington.

Encore un mot, Messieurs, et je finis. L'Art et l'Industrie en Angleterre resserrent de plus en plus le lien qui
les unit. Pendant que vos industriels développent la
puissance matérielle de la nation, vos écrivains, vos
orateurs et vos artistes ennoblissent son génie. Vous
avez, à la fois, l'invention positive, qui dompte la nature
et l'aspiration idéale qui élève la vie. En devenant les
protecteurs des artistes, les riches manufacturiers de
Londres, de Manchester, de Birmingham, de Liverpool,
tendent à augmenter l'élégance de leurs produits et à
leur donner la supériorité sur les marchés du monde ; en
s'entourant de chefs-d'œuvre, ils ont aussi trouvé la plus
noble des distractions ; en les réunissant dans des exhibi-

tions publiques, ils éclairent et réjouissent l'âme assombrie des populations laborieuses.

Ainsi, Messieurs, vous faites tourner toutes choses au profit de la puissance et de la gloire de votre Patrie, sans vous énerver dans l'enthousiasme ; vous fortifiez en vous-mêmes l'intelligence par la volonté ; vous assurez l'action par la persévérance ; vous ne perdez jamais l'avantage conquis. Dans l'énergie de l'Angleterre chacun de vous est une force individuelle, solidaire de toutes les forces du pays. Chacun de vous à son tour, selon l'expression de Shakespeare, est un de ces citoyens dans la taille duquel " chaque pouce est homme." Au sentiment de votre énergie vous alliez le respect de la loi ; inaccessibles au découragement vous pous_ sez toujours à bout vos entreprises ; insensibles à l'échec, vous les recommencez. Voilà pourquoi le peuple Anglais, sorti d'un petit groupe d'îles perdues sous les brumes du Nord, a pu, en un siècle, fonder deux des plus vastes Etats du monde, et remplacer l'Amérique perdue par l'Empire de l'Inde.

Après ce discours, suivi des plus vifs applaudissements de l'assemblée, plusieurs orateurs ont pris la parole :

DISCUSSION.

Mr. WILLIAM HAWES regretted that he was not bold enough to convey to M. Th. Silvestre the opinion which he was sure was entertained by all present, upon the paper they had heard, in the language best understood by that gentleman, for he wished him to feel how thoroughly they appreciated the eloquence, the clearness, the great talent, and the accuracy with which he had noticed and recorded the distinguished features of the works of the most celebrated English artists.

M. WILLIAM HAWES regrette de n'avoir pas la hardiesse nécessaire pour exprimer en français à M. Théophile Silvestre l'opinion qui est commune, l'orateur en est certain, à l'assemblée tout entière, sur le discours qu'elle vient d'entendre. M. William Hawes regrette cela d'autant plus qu'il voudrait faire sentir à M. Théophile Silvestre à quel point sont appréciées l'éloquence, la clarté, l'élévation de talent, l'exactitude qu'il a mis à saisir et à rappeler les traits

Every one present would be delighted that a foreigner, coming to this country to prosecute the objects which M. Théophile Silvestre had in view, had had the opportunity of studying so minutely not only the peculiarities of the works of each artist, but also the distinguishing characteristics of the English nation. No paper could have been more complimentary to English art than this had been, and if one thing marked more strongly than another the progress of the friendly feeling existing between this country and France, it was the fact that this was the first time that a paper had been read in

particuliers de l'œuvre des plus célèbres artistes anglais. Chacun ici doit être flatté de voir qu'un étranger, venu dans ce pays avec les vues de M. Théophile Silvestre, ait pu si scrupuleusement étudier, non seulement les particularités des ouvrages de chaque artiste, mais encore les traits distinctifs du caractère de la nation anglaise.

Nul discours ne pouvait être plus flatteur que ne l'a été celui de M. Théophile Silvestre. Le témoignage le plus puissant possible de la croissante sympathie qui existe entre l'Angleterre et la France, c'est qu'un discours ait été, aujourd'hui, pour la première fois, pro-

the French language before this Society, and it was gratifying to find that those present were able to appreciate the very beautiful ideas that it contained. There was one matter-of-fact to which he might be permitted to allude. He thought M. Théophile Silvestre was mistaken in saying with regard to our great Flaxman, that the study of the marbles of Egina had imparted to that sculptor his most beautiful conceptions. He believed he was right in stating that Flaxman had produced some of his greatest works before he had the opportunity of studying those marbles.

noncé en français devant cette Société, et que l'auditoire ait été capable d'apprécier les belles idées que ce discours renferme.

M. William Hawes, abordant un point de fait, pense que M. Théophile Silvestre s'est trompé, dans une certaine mesure, lorsqu'il a dit que Flaxman avait trouvé ses plus belles conceptions dans l'étude des marbres d'Egine. L'orateur se croit en droit d'affirmer que Flaxman avait produit plusieurs de ses plus beaux ouvrages avant d'avoir eu l'occasion d'étudier ces marbres.

Sir THOMAS PHILLIPS might be permitted, as a member of the Council, to express the strong impression that had been made upon his mind by the reading of the paper. They had not to be told in the present day that Art was of no one country, but the true admirer of Art estimated it without reference to the peculiarities of any particular nation or school. It was not to be expected that they should all agree respecting the merits M. Théophile Silvestre had attributed to individual artists—difference of opinion would always prevail upon those points — but none could doubt that M. Th. Silvestre

Sir THOMAS PHILLIPS demande, comme membre du conseil de la Société des Arts, la permission d'exprimer la profonde impression faite sur son esprit par le discours de M. Théophile Silvestre. Inutile de dire aujourd'hui que l'art n'est le privilége particulier et exclusif d'aucun pays. Ses vrais admirateurs l'honorent, sans s'informer de la nation ou de l'école qui l'a produit. Tout le monde ne sera probablement pas d'accord avec M. Théophile Silvestre quant au mérite qu'il attribue individuellement aux artistes. En pareille matière il y a toujours diversité d'opinions. Mais

had done ample justice to English Art. Occasions of this kind, which brought together men of different countries, and made them acquainted with the kindly feeling with which each nation was animated towards the distinguished men of other nations, were calculated to extend the beneficent influences of art and industry, and tended more than anything else to knit together in more lasting ties of friendship the nations of the world.

personne ne pourra dire que M. Théophile Silvestre n'ait pas rendu amplement justice à l'art anglais. Des occasions pareilles à celle-ci,—réunissant des hommes de divers pays et leur fesant réciproquement partager les généreux sentiments qui animent chaque nation à l'égard des étrangers de distinction, — doivent être considérées comme très propres à étendre la bienfaisante influence de l'art et de l'industrie. Elles tendent par excellence à reserrer les liens de l'amitié entre tous les peuples du monde.

Mr. JOHN BELL thought, with reference to the excep-

M. JOHN BELL pense, au sujet de l'observation de M.

tion taken by Mr. Hawes, relative to Flaxman's study of the Eginetan marbles, that probably the marbles of the Parthenon were meant. Certain it was that the mind of Flaxman was moulded before he saw those beautiful works. It was delightful to find that the efforts of this country in art had been appreciated abroad. Flaxman himself was an extraordinary instance of the ready appreciation of British art in other countries. He believed his beautiful compositions from the *Iliad* and *Odyssey* had gone through several editions more abroad than in England. In fact, great as Flaxman was, his

William Hawes relative aux études de Flaxman sur les marbres des Eginètes, qu'il s'agissait probablement des marbres du Parthénon. Il est certain que l'esprit de Flaxman avait pris son pli avant que l'artiste n'eût vu ces magnifiques ouvrages. M. John Bell est heureux d'apprendre que les efforts faits dans ce pays en matière d'art soient appréciés à l'étranger. Flaxman lui-même fut un exemple extraordinaire de l'appréciation empressée de l'art anglais par les pays étrangers. M. John Bell croit que les compositions du sculpteur représentant les sujets de l'*Iliade* et de l'*Odyssée* ont été plusieurs

own country was perhaps the slowest to appreciate his merits. He only wished for himself that he was able to convey to M. Théophile Silvestre, in his own language, the obligations which he personally felt, as a sculptor, for his recognition of the works of our greatest masters.

fois éditées hors de l'Angleterre. En fait Flaxman, quelque grand qu'il ait été, a vu son mérite moins apprécié dans son propre pays que partout ailleurs. L'orateur désirerait, en ce qui le touche personnellement comme sculpteur, pouvoir exprimer en français à M. Théophile Silvestre toute sa gratitude pour la démonstration qu'il vient de lui entendre faire de l'œuvre des grands maîtres anglais.

Mr. LAVANCHY had waited hoping that some member of the Society would have expressed in the language of M. Th. Silvestre their high sense of the interesting paper which had been

M. JOHN R. LAVANCHY avait espéré que quelque membre de la Société aurait exprimé en français ses sentiments sur l'intéressant discours prononcé par M. Théophile Silvestre. Quelle

brought before them that evening. However incompetent he might be to do so, he would take upon himself to convey to that gentleman the sentiments which he was sure pervaded the meeting after hearing this admirable paper. Mr. Lavanchy then addressed M. Th. Silvestre in French, expressing his grateful thanks for the valuable paper he had just read, and for the kind manner in which he had spoken of our artists, which entitled him to our gratitude. He had alluded to the late John Constable, with whom he (Mr. Lavanchy) had had the pleasure of being acquainted, for it was by his late friend John

que soit mon incompétence, dit M. Lavanchy, je prendrai sur moi de transmettre à ce gentleman les sentiments qui, j'en suis sûr, sont ceux de la Société tout entière. M. Lavanchy s'adresse alors en français à M. Théophile Silvestre, le remerciant et pour son intéressant discours et pour la manière aimable avec laquelle il a parlé des artistes anglais. Rappelant des faits relatifs à Constable avec lequel, lui, M. Lavanchy était lié, il ajoute que ce fut par son défunt ami John Arrowsmith, beau-frère de Daguerre, que les ouvrages de Constable furent exposés à Paris. M. Lavanchy servit obligeamment lui-

Arrowsmith, brother-in-law of the lamented Daguerre, that his works were first exhibited in Paris, and they were forwarded through him (Mr. Lavanchy). His deep regret on that occasion was his want of competency to do justice to the merit of M. Théophile Silvestre's paper, but as an Englishman he felt he could not remain silent without committing a breach of duty.

même d'intermédiaire dans cette affaire. L'orateur regrette profondément de manquer dans cette occasion de compétence pour rendre au discours de M. Théophile Silvestre la justice qu'il mérite ; mais, comme anglais, il eût cru manquer à son devoir en gardant le silence.

Mr. DIGBY WYATT said there were two qualities eminently characteristic of Frenchmen which M. Th. Silvestre had exemplified on that occasion, namely, politeness, which in France might be said to begin from

M. DIGBY WYATT : M. Théophile Silvestre vient de montrer deux qualités distinctives de la nationalité française : la politesse, qui, en France, commence au berceau, et l'éloquence que presque tous les français

the cradle, and eloquence, which was possessed by almost every Frenchman. It must, however, be remembered, that M. Théophile Silvestre, like a skilful musician, had spoken *fortissimo* upon those points most agreeable to our national vanity, and *pianissimo* when treading upon more tender ground. But it behoved them, as people desirous to give a practical turn to these discussions, to recollect that some of these criticisms were probably presented to a certain extent *couleur de rose*. To what M. Théophile Silvestre had said there was no objection. All he had said of Hogarth, Gainsborough, and other English painters,

possèdent. L'orateur voudrait, cependant, que l'on n'oubliât pas que M. Théophile Silvestre, comme un habile musicien, a touché *fortissimo* les points de l'amour propre national des anglais, et *pianissimo* une corde plus sensible. Mais, continue l'orateur, désireux de donner à cette discussion une tournure pratique, il nous convient de ne pas oublier que quelques unes des critiques de M. Théophile Silvestre sont présentées à peu près couleur de rose. A tout ce qu'a dit M. Théophile Silvestre, pas d'objection. Tout ce qu'il a dit de Hogarth, de Gainsborough et des autres artistes anglais est accepté ; mais il ne nous

G

they must agree with ; but he had not told them that there still existed in art realms which we had not conquered. It was impossible to examine those beautiful photographs of the works of Raphael now exhibiting on the walls of the room, and then to look at the works of Barry, without seeing that there was a sublime in art which we had not yet attained. It would of course be impossible to treat of this vast subject in one paper, but if they regarded the advance of arts and industry in this country, they must remember that it was not wise to indulge in too much admiration of the past, whether

a pas avertis qu'il existât dans l'art des royaumes que nous n'avons pas encore conquis. Il n'est pas possible d'examiner ces magnifiques photographies des ouvrages de Raphael, présentement fixées sur ces murailles, de considérer les compositions de Barry, sans s'apercevoir que le sublime de l'art n'a pas encore été atteint dans ce pays. Il était sans doute impossible de traiter ce vaste sujet dans un simple discours ; mais, si l'on jette les yeux sur l'état de l'art et de l'industrie en ce pays, on sent qu'il est sage de ne pas se laisser emporter par trop d'admiration pour le passé, soit dans notre école, soit

in our own or other schools, for that would be to discourage effort; nor on the other hand should they depreciate those productions, for that would tend to make them over-estimate their own; but what they should do was to accept with gratitude every step made in advance, and strive to go still further. With regard to the present day he thought they must admit that pictures were regarded too much in the light of upholstery and furniture. If we were really to advance the art of painting, it must be placed more in the same category with sculpture and architecture. The subjects would then be

dans les autres; car ce serait décourager le bon vouloir. Nous ne devons pas non plus déprécier ces productions, car ce serait tendre à l'exaltation de celles qui nous sont propres. Ce qu'il faut faire, c'est accepter tout progrès avec gratitude en s'efforçant d'aller encore plus loin. L'orateur pense qu'aujourd'hui la peinture est trop considérée au point de vue de l'ameublement. S'il nous appartenait en réalité de faire avancer cet art, nous le rapprocherions un peu plus de l'ordre de la statuaire et de l'architecture. Les sujets seraient alors traités avec plus de dignité, et nous pourrions encore espérer de rivaliser

treated with a more becoming dignity, and we could then hope to rival the great men of past ages. Even in the most ordinary branch of the art—that of portrait-painting — there was an immense deal that was now neglected. How seldom did they see a picture of that character that included more than one individual. The moving historical events of the period were but seldom recorded upon canvas. Such pictures as the " Reform Banquet" were now very rare indeed. He must say that he thought the most hopeful element for English art consisted for the future in the close alliance of all its avec les grands hommes de l'antiquité. Il y a maintenant une grande négligence, même dans la spécialité la plus ordinaire de l'art—le portrait;—il est rare de voir une peinture de ce genre contenant plus d'une figure. Les événements contemporains sont rarement rappelés sur la toile. Des peintures telles que *Le Banquet de la Réforme* sont maintenant peu communes. L'orateur doit dire que l'élément qui offre le plus d'avenir à l'art anglais résultera de l'alliance grandiose de la peinture, de la sculpture et de l'architecture. M. Digby Wyatt termine son discours en adressant en français à M.

different branches — painting, sculpture, and architecture, thus truly forming one great whole. Mr. Wyatt concluded by addressing M. Th. Silvestre in French, expressing his high gratification at the brilliant manner in which he had reviewed the English school.

Théophile Silvestre l'expression du plaisir que lui a donné sa brillante revue de l'école anglaise.

Mr. James Fahey said there was one portion of the paper which struck him very forcibly—that was the effect which the pictures of our great painter, John Constable, made when they were exhibited in Paris. He was old enough to remember that circumstance, and he thought one of the most noble traits of M. Silvestre's

M. James Fahey dit qu'une certaine partie du discours de M. Théophile Silvestre l'avait surtout frappé : l'affirmation de l'effet produit par les peintures de Constable sur les artistes français, à l'époque où elles furent exposées à Paris. Son âge lui permet de se souvenir de cette circonstance, et il croit qu'un

paper was the honourable testimony he had borne to the influence which Constable's pictures had had upon the French school of landscape painting. He remembered it very well, for he was in the part of the country where Constable resided at the time. But there was another curious fact. M. Th. Silvestre had passed a just eulogium, not only upon Constable, but also upon Gainsborough, and had made some remarks relating to the flat character of the scenery that they had painted. It was a curious circumstance that those two eminent painters had both lived in parts of the country where the

des plus nobles traits du discours de M. Théophile Silvestre c'est l'honorable témoignage porté au sujet de l'influence exercée par les compositions de Constable sur l'école française de paysage. M. James Fahey en a gardé parfaitement la mémoire, car il se trouvait dans la contrée habitée à cette époque par Constable lui-même. Mais, autre fait non moins curieux : M. Théophile Silvestre a, non seulement fait l'éloge de Constable, mais encore celui de Gainsborough, ajoutant quelques observations sur l'humble caractère du sujet de leurs paysages. Il est assez singulier que ces deux éminents peintres aient, l'un

scenery was devoid of beauty.

et l'autre, vécu dans des contrées où les sites étaient sans beauté.

Mr. C. WENTWORTH DILKE said, as chairman of Council, the duty devolved upon him of proposing a vote of thanks to M. Th. Silvestre for his paper. He was very much struck with several portions of it, more particularly the admirable criticism upon the works of Hogarth, whilst the description of Wilkie's pictures, as also those of Constable and Turner, was well worthy of the attention of this Society. It was not for him to detain the meeting by any lengthened remarks. The duty he had to perform was a

M. C. WENTWORTH DILKE pense qu'il est de son devoir, comme Chairman du Conseil, de proposer à l'Assemblée " un vote de remercîment" à M. Théophile Silvestre pour le discours qu'il vient de prononcer. M. C. Wentworth Dilke a été frappé par plusieurs passages, notamment par l'admirable examen des ouvrages de Hogarth. La description des peintures de Wilkie, de Constable et de Turner est aussi très digne de l'attention de la Société. Le Chairman du Conseil dit

most agreeable one, and that was, on behalf of the Society at large, and the Council in particular, to propose a cordial vote of thanks to M. Théophile Silvestre for this paper, on the preparation of which he must have bestowed a vast amount of care and attention.

qu'il ne lui appartient pas de prolonger le meeting par des remarques étendues ; le devoir qu'il lui reste à remplir est des plus agréables : il consiste à proposer, au nom de la Société tout entière, et au nom du conseil en particulier, un vote cordial de remercîment à M. Théophile Silvestre pour son discours dont l'étude lui a coûté sans doute beaucoup d'attention et de soin.

The vote of thanks was passed by acclamation.

Le vote de remercîment a eu lieu par acclamation.

The CHAIRMAN then informed M. Th. Silvestre, in the French language, of the very cordial manner in

M. le Président Sir CHARLES EASTLAKE, fait connaître alors en français à M. Théophile Silvestre

which the vote of thanks had been proposed and carried, and concluded by expressing on his own part the remarkable gratification which the reading of the paper had afforded him. Many of M. Th. Silvestre's views in reference to Hogarth and other leaders of the English school, he might venture to say, were new even to English artists, and evinced a most careful and minute study of those masters.

la manière cordiale par laquelle le vote de remercîment a été proposé et adopté. M. le Président a conclu en disant à quel point il est personnellement satisfait du discours qu'il vient d'entendre. Plusieurs des considérations de M. Théophile Silvestre sur Hogarth et sur les autres chefs de l'école anglaise sont, il ne craint pas de le dire, nouvelles, même pour les artistes anglais. Elles témoignent d'une étude aprofondie et opiniâtre.

M. Théophile Silvestre a répondu :

Messieurs,—Je suis profondément ému par l'expression si généreuse de vos sympathies pour moi. Mais il me reste encore beaucoup à faire pour me trouver à la hauteur des éloges dont l'éminent Sir Charles Eastlake vient de m'honorer, en son propre nom, au nom de la Société des Arts et au nom de l'Académie Royale de Londres. Ma position devant vous était simple, Messieurs : je n'avais à dire que la vérité, et je l'ai dite librement à des hommes libres, sans me préoccuper de la moindre question d'amour-propre ou de préjugé national. J'honore de mon mieux le génie chez tous les peuples, sans rien perdre de l'ardent et profond amour que j'ai pour mon pays. La vérité, Messieurs, ne s'arrête pas aux limites de la géographie. Je dis toujours ce que je pense, et je pense ce que je dis. Je n'oublie pas surtout que je suis en Angleterre, le pays où l'on ne flatte pas. S'il est vrai, comme l'a fait remarquer tout à l'heure un honorable membre de cette assemblée, que John Flaxman ne se soit point inspiré des marbres d'Egine et des vases étrusques, je le remercie de m'en avertir. Il m'est toujours agréable de recevoir des conseils et même des rectifications. Il n'en demeure pas moins certain que, par ses tendances de simplicité, Flaxman rappelle vivement et les Eginètes et les Etrusques. S'il ne ressemble à ces artistes antiques que par le tempérament, mes opinions tourneraient alors au profit de son originalité.

Mons. Théophile Silvestre,
&c., &c., &c.

Society for the Encouragement
of Arts, Manufactures, and
Commerce,
Adelphi, London,
21st January, 1859.

Sir,—I am directed to convey to you the thanks of the Society for your paper entitled " Les Arts, les Artistes, et l'Industrie en Angleterre depuis la dernière moité du dix huitième siècle jusqu'à ce jour," read at the meeting of the 19th instant.

I have the honour to be,

Sir,

Your very obedient

servant,

P. LE NEVE FOSTER,

Secretary.

A Monsieur
Théophile Silvestre.

Société pour l'Encouragement
des Arts, des Manufactures
et du Commerce,
Adelphi, Londres.
21 Janvier 1859.

Monsieur, — Je suis chargé de vous adresser les remercîments de la Société pour votre discours intitulé : " Les arts, les artistes et l'industrie en Angleterre depuis la dernière moitié du dix-huitième siècle jusqu' à ce jour," prononcé dans le Meeting du 19 du courant.

J'ai l'honneur d'être,

Monsieur,

Votre très obéissant

serviteur,

P. LE NEVE FOSTER,

Secrétaire.

Londres, 22 Janvier 1859.

A Monsieur P. Le Neve *Foster*, Secrétaire de la Société pour l'Encouragement des Arts, des Manufactures, et du Commerce, *Adelphi*, Londres.

Monsieur le Secrétaire,

La satisfaction que la Société vous charge de m'exprimer est à la fois pour moi un encouragement et un titre d'honneur. Je n'oublierai jamais l'accueil éminemment éclairé et libéral qu'elle a daigné me faire, et je serai fier de pouvoir à l'avenir attirer son attention sur mes travaux.

Agréez, Monsieur le Secrétaire, l'assurance de ma considération très distinguée.

THÉOPHILE SILVESTRE.

INSTITUT ROYAL DES ARCHITECTES BRITANNIQUES.

MEETING DU 24 JANVIER 1859.

———

Présidence de M. J. J. Scoles, Vice-Prés.

Secrétaires—MM. Nelson et Digby Wyatt.

———

Un Meeting général a eu lieu dans Lower Grosvenor-street, lundi soir, 24 Janvier.

M. Nelson lit le procès verbal du dernier meeting, qui est approuvé.

M. John Watson a été présenté pour la première fois à l'assemblée par le chairman comme membre élu de l'Institut.

H

M. Digby Wyatt présente aux membres de l'Institut M. Théophile Silvestre, qui s'occupe d'écrire l'Histoire des Beaux-Arts en Angleterre, et qui est chargé d'une mission du Ministre d'Etat du gouvernement français.

M. Théophile Silvestre, qui a été chaleureusement applaudi, s'est alors adressé au Meeting en ces termes :

Messieurs de l'Institut Royal des Architectes britanniques,—Merci de votre généreux accueil. J'en suis profondément touché. M. Digby Wyatt, votre éminent confrère, me permettra de l'appeler mon ami, car il vient de me donner lui-même une grande preuve d'amitié, en me recommandant à votre estime. Il sait parfaitement que toute mon ambition dans ce pays est d'entrer en communion d'idées et de sentiments avec les hommes d'un cœur sincère et d'un esprit élevé. J'y suis venu pour étudier vos ouvrages, pour m'éclairer de vos lumières, pour me fortifier de vos conseils. La chaleur d'âme que je trouve en vous, Messieurs, est la haute récompense de ma bonne volonté.

M. Digby Wyatt vous a dit, Messieurs, que j'ai l'honneur d'être investi, par S. E. le Ministre d'Etat et de la Maison de S. M. l'Empereur des français, de la mission d'étudier les Musées et autres Institutions de

Beaux-Arts en Europe. Son Excellence a les yeux fixés sur le mouvement de toutes les écoles. Son attachement à la tradition ne lui fait méconnaître aucune des tendances nouvelles. Les artistes anglais ne peuvent douter des sympathies de ce Ministre éclairé. Il sera toujours disposé,—j'en tiens de lui-même la parfaite assurance,— à leur en donner des preuves et à leur fournir tous les moyens de faire apprécier en France leur mérite à sa juste valeur.

Son Excellence m'autorise à inviter, en son propre nom, les artistes anglais à envoyer leurs ouvrages à la très prochaine Exposition qui aura lieu à Paris au mois d'Avril de la présente année.

Assurément, Messieurs, cette exposition nous montrerait des spécimens remarquables de l'art britannique, et je suis certain que S. E. le Ministre d'Etat s'empresserait de les signaler à la très haute attention de l'Empereur et de prier S. M. de faire un choix parmi ces ouvrages.

J'ai exprimé, dans un des derniers meetings de la Société des Arts, sous la Présidence de l'honorable Sir Charles Eastlake, Président de l'Académie Royale de Londres, non pas des connaissances éminentes, mais des sentiments très sincères au sujet des artistes anglais, morts et vivants, dont j'entreprends d'écrire l'Histoire. Les applaudissements de la vigoureuse Société des Arts, ainsi que les vôtres, Messieurs, sont à la fois pour moi une encouragement à l'étude et à la persévérance.

Mais, si j'ai la satisfaction de voir fraternellement réunies, cette année, à Paris, l'école anglaise et l'école française, je me trouverai trop récompensé de mes humbles efforts. Je serai toujours fier d'avoir servi à la fois d'intermédiaire aux gloires de votre pays et à celles de ma nation. Mon profond amour, mon ardent dévouement pour la France ne me font pas perdre de vue les honneurs que j'ai à rendre, par la plume et par la parole, aux ouvrages du génie britannique.

L'Angleterre est l'amie et l'alliée de ma Patrie, et par le triomphe de la guerre, et par le triomphe de l'art. Vous tous, Messieurs, animés des sentiments de justice qui m'animent, vous venez souvent admirer à Paris ces nobles et gigantesques travaux accomplis par S. M. L'Empereur Napoléon III, sans affaiblir ni les ressources privées, ni la fortune publique de la France.

Professor DONALDSON, Corresponding Member of the Institute of France,	Le professeur DONALDSON, Membre Correspondant de l'Institut de France :—" Il

said it was the duty of the members of the Institute to second the efforts of M. Silvestre, for it was a compliment paid to the country whenever a foreigner, but more especially a native of France, came over to England to study the fine arts. In this respect England was 200 years behind France. (Cries of " No, no.") He was speaking of the Renaissance ; and probably they would never have had the fine works of Michael Angelo, if it had not been that France had sent to Italy to establish schools for the promotion of art. France was successful in the establishment of these schools, but our Government

est du devoir des membres de l'Institut de seconder les efforts de M. Théophile Silvestre, car il est très flatteur pour nous qu'un étranger, et surtout un français, soit venu ici pour y étudier les Beaux-Arts. L'Angleterre s'est trouvée de deux siècles en arrière de la France en matière d'art. (Cris : non! non !)

. . . Je voulais parler de la Renaissance. En ce qui touche les beaux ouvrages de Michel Ange, les Anglais doivent beaucoup à la France. La France a envoyé des artistes en Italie et y a établi des écoles dans l'interêt de l'art, ce que notre gouvernement n'a jamais fait. C'est pour-

had not been. Therefore he maintained that France was two hundred years in advance of this country. We had never been able to keep pace with France in this respect; and the French excelled the English in the colonies, and in all other parts of the world. It was consequently all the more agreeable to see a French gentleman coming over to mark the steps that we were making; and if we desired to achieve any further progress, we must listen to our defects, and turn a deaf ear to praise of our excellences. In return for the visit of kindness and approval with which this stranger had favoured them, they

quoi les français sont de deux cents ans en avant de nous. Nous n'avons jamais été capables de marcher de pair avec eux dans la carrière de l'art. Les français ont surpassé les anglais dans les colonies et dans d'autres parties du monde. Aussi, est-il agréable pour nous de voir un gentleman français venir examiner nos progrès. Si nous désirons avancer encore, occupons-nous de nos défauts et non des louanges qui nous sont adressées pour nos qualités.

Afin de reconnaître la bonne visite et les approbations de cet étranger, nous devons faire tout ce qui nous sera possible pour se-

ought to do everything in their power to assist the object which he had in view, by giving him all the information in their power, and by aiding him in his present mission. Allusion had been made to the wonderful results accomplished by the present emperor in the way of architectural ornament in Paris, but everything in the way of description must fail far short of the reality, which could only be appreciated by a personal visit. London had not done anything like what she ought to have done, but there was a gradual improvement visible, which was very gratifying, and would

conder ses projets. Il a parlé des résultats merveilleux obtenus par l'Empereur des Français pour l'embellissement de Paris. Tout ce que l'on peut dire à ce sujet n'est pas à la hauteur de la réalité. Il faut aller voir Paris. Londres n'a pas fait ainsi son devoir; mais la ville accomplit de sensibles améliorations qui auront sans doute d'excellents effets.

Le professeur Donaldson termine son discours en exhortant encore les membres de l'Institut à remercier l'étranger de ses sympathies, et à lui prouver que les anglais désirent, eux-mêmes, concourir par tous les moyens qui sont en leur

doubtless be attended with the best results. In conclusion, he again exhorted the members of the Institute to show their gratitude for the interest taken in them by foreigners, by proving that they themselves were desirous to aid by every means in their power the promotion of the fine arts in all the countries of the world.

pouvoir au progrès des Beaux-Arts dans tous les pays du monde.

LETTRE DE M. LE PROFESSEUR
T. DONALDSON.

Londres, Bolton-gardens, Russell-square,
31 Janvier, 1859.

A. M. Théophile Silvestre.

Mon cher Monsieur,—Je suis très flatté de votre lettre amicale. Vos observations sont très justes; il y a des occasions dans les quelles le sens de la justice prime le sentiment du patriotisme; et je trouve que l'on agit le mieux, le plus sagement possible, en vrai citoyen, quand on cherche à profiter de l'expérience des nations étrangères. Pourquoi les limites politiques et géographiques seraient-elles un obstacle à la fraternité?

Je suis donc d'accord avec vous, mon cher Monsieur, en cherchant le bien partout, et je me réjouis de l'excellence en toutes choses, soit qu'elle se trouve en Angleterre, soit qu'elle vienne du Nord, du Midi, de l'Est ou de l'Ouest. J'excuse les susceptibilités nationales des autres, car là où l'honneur de mon pays est en jeu, je suis *d'abord* un Anglais ; mais, en ce qui concerne l'instruction, le savoir, le progrès, je regarde comme mon frère quiconque possède une supériorité dont je puis profiter.

Si je peux vous être de quelque utilité, disposez de moi, et permettez-moi d'espérer que vous viendrez me voir. Je dérirerais causer avec vous de notre union dans les Arts. Mes relations avec votre Institut me portent naturellement à m'intéresser à tout ce qui touche la France et les français.

Croyez moi, mon cher Monsieur,

Votre dévoué,

T. DONALDSON.

.   .   .   .   .   .

.   .   .   .   .   .

Cette lettre dit, à elle seule, mieux que ne le sauraient faire toutes mes louanges, la générosité de cœur et l'élévation d'intelligence du Professeur Donaldson.

THÉOPHILE SILVESTRE.

Londres: Typographie de W. Trounce, Cursitor-street, 9.

LETTRE DES ARTISTES ANGLAIS

A Monsieur Théophile Silvestre, Inspecteur des Beaux Arts, envoyé
en Mission par le Gouvernement français.

MONSIEUR,

Nous avons reçu avec le plus grand interêt la bien-
veillante invitation de S.E. le Ministre d'Etat et de la
Maison de l'Empereur, qui veut bien réserver un salon
spécial à nos ouvrages à l'Exposition des Beaux-Arts,
qui s'ouvrira le 15 Avril prochain à Paris.

Nous sommes charmés de cet appel du Gouvernement
français, et nous nous empressons d'y répondre. Nous
désirerions que S.E. le Ministre d'Etat vous chargeât de
vous adjoindre à Londres une personne qui, d'accord avec
vous et avec nous-mêmes, s'occupât spécialement de la
réception de nos ouvrages.

Le Directeur de l'Exposition annuelle des peintures
françaises à Londres, Monsieur Ernest Gambart, nous inspire une confiance toute particulière, et nous serions

heureux que S. E. le Ministre d'Etat, en vous l'adjoignant, partageât notre sentiment.

Nous avons l'honneur d'être, Monsieur

Vos humbles Serviteurs

C. L. EASTLAKE, Président de l'Académie Royale ; W. MULREADY, de l'Académie Royale ; C. R. LESLIE, de l'Académie Royale ; E. LANDSEER, de l'Académie Royale ; DAVID ROBERTS, de l'Académie Royale ; C. STANFIELD, de l'Académie Royale ; CHAS. LANDSEER, de l'Académie Royale ; DANIEL MACLISE, de l'Académie Royale ; W. P. FRITH, de l'Académie Royale ; SAMUEL COUSINS, de l'Académie Royale ; E. M. WARD, de l'Académie Royale ; W. HOLMAN HUNT ; THOMAS CRESWICK, de l'Académie Royale ; FREDERICK TAYLER, Président de la Société de Peintres à l'aquarelle ; THOMAS LANDSEER ; T. D. HARDING ; THOMAS FAED ; CHARLES G. LEWIS ; JOHN PHILLIP, Sociétaire de l'Académie Royale ; G. E. HERING ; FRANK STONE, Sociétaire de l'Académie Royale ; W. H. SIMMONS ; FRED. B. PICKERSGILL, de l'Académie Royale ; W. HUNT ; S. A. HART, de l'Académie Royale ; RICHARD ANSDELL ; ALFRED ELMORE, de l'Académie Royale ; THOMAS OLDHAM BARLOW ; AUGUSTUS EGG, Sociétaire de l'Académie Royale ; HENRY O'NEIL ; ABRAHAM SOLOMON ; &c., &c.

LIBRAIRIE LOUIS JANET

MAGNIN, BLANCHARD ET Cⁱᵉ

EN VENTE

Ouvrages du même Auteur :

HISTOIRE

DES

ARTISTES VIVANTS

ÉTUDES D'APRÈS NATURE

PREMIÈRE SÉRIE

**Ingres, Eugène Delacroix, Corot, Paul Chenavard,
Decamps, Barye,
Diaz, Courbet, Préault, Rude**

Un vol. grand in-8, illustré de 10 Portraits sur acier et composé de 10 livraisons.

PRIX : 1 FR. LA LIVRAISON, — 10 FR. LE VOLUME

SECONDE SÉRIE

Une seule livraison de cette seconde et dernière série est en vente :

Horace Vernet.

Prix : 1 fr.

La publication des neufs livraisons formant le complément de l'ouvrage va être reprise et achevée très-prochainement.

SOUS PRESSE

HISTOIRE DES ARTISTES ANGLAIS

MORTS ET VIVANTS

2 vol. in-8

DIVISÉS EN 24 LIVRAISONS

PARIS. — IMP. SIMON RAÇON ET COMP., RUE D'ERFURTH, 1.